CON LOS OJOS ABIERTOS

CON LOS OJOS ABIERTOS

"DICHOSOS VUESTROS OJOS PORQUE VEN"

MATEO 13:16

Grace Espinoza Guthrie

Ilustraciones R. D. S.

Número de Control de la Biblioteca del Congreso de EE. UU.:   2014908743
ISBN: Tapa Dura   978-1-4633-8425-8
                 Tapa Blanda   978-1-4633-8426-5
                 Libro Electrónico   978-1-4633-8427-2

Este libro fue impreso en los Estados Unidos de América.

Fecha de revisión: 07/08/2014

Para realizar pedidos de este libro, contacte con:
Palibrio LLC
1663 Liberty Drive
Suite 200
Bloomington, IN 47403
Gratis desde EE. UU. al 877.407.5847
Gratis desde México al 01.800.288.2243
Gratis desde España al 900.866.949
Desde otro país al +1.812.671.9757
Fax: 01.812.355.1576
ventas@palibrio.com
619534

Dedicado a mi madre en este mundo y a mi padre en el otro...

Puedo ver, y es por eso que puedo ser feliz, en lo que los demás llaman la oscuridad, pero que para mí es de oro. Puedo ver un mundo hecho por Dios, no un mundo hecho por el hombre.

-Helen Keller

ÍNDICE

1. Nuestros Ojos 13

2. NuestraS Decisiones 27

3. Nuestra Realidad 39

4. Humildad: La llave A su Reino 49

5. Sus Ojos 59

6. Su Voluntad 69

7. Su Realidad 81

8. En Un Principio 94

9. Apéndice Bocaditos espirituales y besos volados 99

LISTA DE ILUSTRACIONES

1. Explosión de Atomos 17

2. Árbol del Conocimiento 27

3. Árbol de la Vida 29

4. Reflejan la realidad 39

5. Agujero Negro 47

6. Eyeballs 59

7. Cordón umbilical espiritual 67

8. Realidad de Dios 73

9. Las palabras que Dios me ha dado 85

NOTA: Algunas de las ilustraciones tienen un cuadro QR el cual, usando un app scanner del "smart phone" los lleva a una pagina web con video. Si no tienen un smart phone, pueden ir directo a las paginas:
http://letgracebewithyou.com/reality/
http://letgracebewithyou.com/tree/
http://letgracebewithyou.com/blackhole/
http://letgracebewithyou.com/mirror/
y ver las ilustraciones por su computadora.

PRÓLOGO

"En el principio era el verbo, y el verbo era con Dios, y el verbo era Dios…" (Juan 1:1) Y de cierta manera, tal es caso del emprendimiento espiritual que abarca un ser valiente como lo es Grace. Empieza con la palabra misma, o más bien, con esa excursión que la existencia de esas palabras nos invita a transcurrir. Si bien es cierto que la palabra es la afirmación tanto de Dios como de Su encarnación, entonces no es el principio lo que resulta ser difícil sino lo que sigue después, en el momento de materializarse o de materializarnos porque al fin y al cabo, fuimos creados a Su imagen.

Vale la pena entonces preguntar: ¿hacia qué punto nos lleva esa palabra? ¿Hacia cuántos significados nos conduce? En eso se nos revela una paradoja: la inscripción de las palabras denota una presencia, pero la sustancia de ellas, lo que identificamos como su significado, siempre nos elude y crea una ausencia. No es algo fijo, ni mucho menos absoluto. Y como nos señala Grace, el desafío reside en el intento de reestablecer una relación entre tantas posibilidades de percepción, pero cuyo reto nos lleva a la mayor satisfacción espiritual y mental, siempre y cuando estemos dispuestos a "ver."

Esto equivale a reafirmar nuestra relación con Dios, una relación que se despoja humildemente de todo lo que nos rodea, de toda noción preconcebida, de todo aquello que más queremos. Para ello, no se trata de compartir las mismas experiencias o inclusive de llegar a los mismos sacrificios. Todo lo contrario, es algo muy personal.

Al leer este libro, las palabras de Grace se convirtieron en espejos de indagación para mí. Entendí que yo también podía ver más allá de los contornos, de las figuras, y de las inscripciones que se me han presentado, o inclusive percibirlos de diferentes maneras. Siento ahora que mi fe no depende en aceptar de frente lo que dicen (o se instruye que dicen) las palabras, sino más bien mi fe depende de ese cuestionamiento activo e individual de verme reflejada en ellas, ya que ese conjunto de palabras es Dios.

He tenido el placer de escuchar y sentir en persona la visión perspicaz de Grace, a quien considero como una madre espiritual. Y ahora me encuentro sumamente agradecida de poder tener en mis manos el texto que refleja no sólo su lucha por articular su comunicación íntima con el Espíritu de Dios, sino también la alegría, el sentido de paz, que se nota al aceptar que somos productos del amor incondicional de Él, y lo que es más, que somos capaces de concebir una realidad en la cual podamos ejercer ese mismo amor hacia nosotros y hacia quienes están en nuestros alrededores. Termino con decir paradójicamente que apenas estoy comenzando en este camino espiritual y qué dicha de experimentarlo con los ojos abiertos.

Denise Callejas

NUESTROS OJOS

La opinión es sostener que algo es cierto por no saber que es falso.
Saint-Bernard

Para la mayoría de nosotros, nuestra visión es nuestro sentido predominante. Nos basamos en lo que nuestros ojos ven para luego decidir si algo es real o no. Se dice que el 80 por ciento de lo que aprendemos es a través de la información que nuestros ojos irradian a nuestro cerebro acerca del mundo que nos rodea. Es a partir de esa percepción y sensación que recogemos experiencias. Formamos opiniones y actitudes determinadas basadas en lo que nuestros ojos ven.

Pero de la forma en que yo lo veo, nuestra visión puede ser poco fiable. Lo que hacemos con la información que viaja de los ojos al cerebro depende en su mayoría de nuestro propio punto de vista. No hay dos personas que vean un objeto de la misma manera. Hay una razón por la cual la humanidad no ha dejado de especular sobre la naturaleza de la realidad. La raza humana ha pasado horas interminables, años, incluso siglos debatiendo sobre lo que constituye lo real. La conclusión, hasta ahora, es que la realidad es subjetiva o que a lo mejor ni existe.

EL MECANISMO

Nuestros ojos son una de las obras maestras de Dios. El ojo humano es un órgano complejo sensorial que recoge la luz reflejada por los objetos, se dobla, se concentra, y envía información al cerebro acerca de la textura, el color, y la distancia de los objetos. Se compone de más de dos millones de piezas de trabajo, y los músculos que mueven el ojo son los músculos más fuertes en el cuerpo. Estos se mueven alrededor de cien mil veces al día, incluso cuando estamos dormidos.

Sin embargo, con el fin de ejercer la vista, aún con estas maravillas de ingeniería divina, debemos tener luz. La correlación entre la forma de nuestros ojos y la intensidad de la luz determina si vemos las cosas con claridad o mediante una neblina borrosa. La luz entra en la córnea (la "ventana de los ojos") y se refleja en la retina dándole la información recopilada por 126 millones de células nerviosas. Me parece interesante que los rayos de luz se cruzan produciendo una imagen invertida en la retina, ya que este es el caso de nuestra visión espiritual también. Nuestros ojos terrenales han vuelto al revés lo que Dios quiso que fuera perfecto, dándonos una visión borrosa de la realidad espiritual, y a la vez confundiéndonos y distrayéndonos de lo que Dios quiere que veamos. Así que, ¿es algo que vemos con nuestros ojos carnales una realidad? ¿Y que tal si lo que no es visto por nuestros ojos fuera más fiable, dando hacia una realidad inmutable y mas absoluta?

Inclusive el cerebro, el órgano más importante en el cuerpo humano (y probablemente la estructura biológica más compleja del universo), es obviamente de poco fiar. La información sobre el color, la forma, el movimiento, la posición y los tamaños de los objetos, son procesados por separado; no hay un área especifica en la que se dan cita en el cerebro. Así que nadie puede identificar físicamente la ubicación de nuestra conciencia. Y si la información que mi cerebro recibe de parte de mi vista es de ninguna manera ambigua, mi cerebro va a llenar los espacios en blanco, dando lugar a ilusiones ópticas y/o interpretaciones subjetivas. Entonces, ¿cómo puedo confiar en mi propia realidad? ¿O la de cualquier otra persona?

Tal vez Dios está tratando de decirnos que, a pesar de la complejidad de los ojos humanos y la maravillosa capacidad de nuestro cerebro, nuestra vista no se compara con la sencillez y la precisión de nuestro vista que surge del corazón a través de un entendimiento espiritual.

Estamos tratando de encontrar la fuente de nuestra realidad, pero podemos hacerlo solos? ¿Estamos viendo nada más que nuestra propia percepción equivocada, que se refleja una y otra vez, distorsionando la realidad objetiva más allá de la comprensión? La realidad subjetiva no es más que una opinión, en mi opinión.

LA FÍSICA CUÁNTICA Y EL ESPÍRITU

En el comienzo de esta jornada, uno de los términos que el Espíritu de Dios me había dado para investigar fue la física cuántica. Para mi sorpresa, me encontré en un nuevo mundo totalmente desconocido pero fascinante en extremo. Me sorprendió saber que los físicos estaban lejos de haber encontrado las respuestas a esa eterna pregunta de la realidad. Según el experimento de la doble rendija, la materia aparentemente actúa como materia sólo cuando sea "observada". Por lo tanto, la presencia de un "observador" tiene implicación radical en el resultado de la propia existencia de la materia.

Todo lo que nos rodea está compuesto de partículas de materia. ¡Incluyendo nosotros! Por lo tanto, este portal que se elude abre a una serie de hipótesis sobre la existencia material.

La física cuántica ha declarado también que el universo está hecho de energía, espacio, masa y tiempo, y que todas estas entidades se compenetran mutuamente. Estoy descubriendo que a lo mejor tengo otra característica de mi Creador que me ha creado a su imagen. Yo también puedo "co-crear" mi propia realidad siempre y cuando me inspire desde Su creación perfecta.

Mis propias experiencias en los últimos años me han llevado a la conclusión de que existe una realidad más allá de mi propia opinión subjetiva, y que está siendo lentamente revelada a través de mis actos de obediencia. Siento como si me hubiera sintonizado a una frecuencia diferente de conciencia mucho más alta que la mía. Dios está tratando de mostrarme realidades que están delante de todos nosotros, pero han estado ocultas hasta ahora por los dispositivos de encubrimiento de nuestro super ego y orgullo.

Dios ha dotado a los seres humanos con la más alta forma de conciencia. Nosotros pensamos, y somos conscientes de lo que pensamos. La mayoría de los animales ven a un extraño cuando se miran al espejo. En cambio, los seres humanos son una rara excepción, ya que sí podemos reconocernos. Algunos científicos-en busca de respuestas fáciles que embalen todos los misterios de la vida en una bonita y sólida caja de formulas medibles, se han preguntado si el libre albedrío no es más que una actividad cerebral adquirida y un mero resultado de las experiencias pasadas. Me atrevo a disentir.

Creo que nosotros, como dice la Biblia, estamos compuestos de cuerpo, alma y espíritu. Hay muchos aun que se niegan a creer en este simple concepto, por lo que se gastan toda su vida, su energía y sus recursos para demostrar que pueden pensar intelectualmente, y hacen caso omiso de los aspectos más etéreos de la vida. Esta actitud de mente súper-abierta, auto-suficiente, extra- orgullosa, trae resultados contradictorios. Esto hace que esta gente mantenga sus ojos cerrados, sin esperanza y lleve a cabo una búsqueda interminable de lo que esta justo al frente de ellos.

Sólo son aquellos, los de "mentes estrechas", los que permiten que la luz divina de Dios inunde su conciencia como un rayo laser que les permite aferrar un conocimiento magnífico de Su infinito amor y propósito.

La disputa entre la ciencia y la religión ha sido un hecho desde hace mucho tiempo, pero Dios hará uso de esta misma herramienta – la ciencia – la cual ha sido utilizada hasta ahora para justificar la superioridad intelectual humana y vehículo para huir de Su verdad, como prueba suprema de su realidad postrimería y absoluta.

En vista de la inmensidad del universo, podemos ver la minimización del hombre y como paradoja divina, en vista de la pequeñez del átomo, podemos ver la enormidad suprema de Dios.

Los físicos han llegado a la conclusión de que el átomo no es la partícula más pequeña, y que la materia como la conocemos, actúa y reacciona de forma que desafía las leyes del espacio y del tiempo. Esto los deja rascándose sus cabezas extremadamente intelectuales y cada vez más perplejos y abstractos en sus cavilaciones que un predicador de pueblito. ¿Podría ser que la materia tiene un origen espiritual? ¿Y que el espíritu resulte aun más trascendente que la materia?

El Espíritu de Dios me ha mostrado análogos entre el mundo físico y el mundo espiritual. Sean o no estos paralelos aparentes al ojo humano es una cuestión de elección. Somos los observadores de la realidad como queramos verla. Gracias a la física cuántica, podemos reconocer que hay otro orden de realidad, que se encuentra por debajo de lo que hemos dado por hecho durante tanto tiempo. Este reino invisible parece estar construido principalmente sobre fundamentos de fe. Sin embargo, el Espíritu de Dios nos ha dado muchas claves y sugerencias en el mundo de la ciencia. Por lo tanto nos queda solamente tomar una decisión: Ser lo suficientemente valientes para empezar a cuestionar nuestras propias ideas preconcebidas gracias a una influencia cultural/religiosa o seguir tal y cual como estamos.

No es cuestión de lo que el mundo interpreta como la verdad, pero lo que nosotros de forma individual *percibimos* como la realidad. La forma de "ver" las cosas, las personas y las circunstancias es lo que en última instancia define quiénes somos, en relación con el mundo en el que vivimos. Lo que pensamos y sentimos determina lo que experimentamos y percibimos. Sin embargo, hay muchas alucinaciones por ahí listas para engañarnos. "Hemos nacido para preguntar acerca de la verdad", dijo Demócrito, pero nunca vivió en un mundo como el nuestro, donde la verdad se esconde tan fácilmente detrás de una realidad virtual e ilusiones visuales amplificadas digitalmente. ¿Qué posibilidades tenemos de discernir lo que es verdaderamente real, si nuestros ojos pueden mentirnos y enviar mensajes incorrectos a nuestros cerebros? ¡Qué terrible y triste desenlace que nos espera a continuación, a menos que realmente haya una verdad absoluta y eminente.

Existe -el *Yo Soy el que Soy* - que trasciende el tiempo y el espacio y que nunca cambia.

Moisés le dijo a Dios:
«Pero resulta que, si yo voy y les digo a los hijos de Israel: "El Dios de sus padres me ha
enviado a ustedes", qué voy a responderles si me preguntan: "¿Y cuál es su nombre?"»
14 Dios le respondió a Moisés:
«YO SOY EL QUE SOY.»(Éxodos 3:13-14)

SISTEMA DE ACTIVACIÓN RETICULAR

El SAR es un conjunto de nervios situados en la base del cráneo, del tamaño de un haba, que filtra la información que es pertinente para cada uno de nosotros. Este sistema trabaja mano a mano con la "ley de la atracción". Uno puede activar su propio SAR, lo que nos daría la potencia de concentrarnos en lo que es lo mas importante para cada uno. Por lo tanto, los que creemos en Dios como Dios de todo y hemos optado por verlo como El Creador Omnipotente, la simple naturaleza fisiológica de nuestro cerebro, activará el RAS para ver a Dios en todas partes alrededor.

Nuestro Dios nos ha creado para ser seres con conciencia, pero aun tenemos que hacer uso del libre albedrío para activar este magnifico sistema en nuestros cerebros y estar más atentos y enfocados para reconocer cuando Dios obra en nuestras vidas.

A mi modo de ver, este sistema de activación que Dios nos ha proporcionado, funciona como portal a nuestro subconsciente y puede alcanzar profundamente a nuestras almas para empezar a ver el reino de Dios como la única realidad verdadera. Se trata de quién creemos que es Dios. Y de lo que cada uno de nosotros ha decidido ser a la luz de este conocimiento divino.

Uno de los mayores problemas que veo es que la mayoría de nosotros ha tomado la decision de pertenecer a una religión u otra por motivos que no tienen peso para validez. Somos católicos por que nuestros padres y abuelos fueron católicos. Somos Bautistas porque estas iglesias tienen muy buenos programas para jóvenes, somos Musulmanes porque es nuestro patrimonio, judíos porque es nuestra historia y así... ¿Por que no armarnos de coraje y buscar a nuestro Dios de una manera individual y personal?

Me recuerda la historia en La Biblia cuando Jesus empezó su ministerio y empezaron los rumores acerca de quien era este individuo que andaba cambiando las vidas y levantando polvo en una comunidad de judíos.

> *Salieron Jesús y sus discípulos por las aldeas de Cesarea de Filipo. Y en el camino preguntó a sus discípulos, diciéndoles: ¿Quién dicen los hombres que soy yo? Ellos respondieron: Unos, Juan el Bautista; otros, Elías; y otros, alguno de los profetas. Entonces él les dijo: Y vosotros, ¿quién decís que soy? Respondiendo Pedro, le dijo: Tú eres el Cristo. Pero él les mandó que no dijesen esto de él a ninguno. Marcos 8:27-30*

Me parece que a Dios no le interesa lo que otros digan o piensen de El. Es la opinion personal e individual lo que le importa. Es también interesante que Jesus le pide a Pedro que no dijese lo que el pensaba a ninguno. Probablemente porque quería que cada uno tome su propia decisión y así que sea mucho mas personal y autentica.

Yo por mi parte, aunque yo no lo vea, aunque mi lógica diga lo contrario, incluso si se han agotado todos los demás términos de mi entendimiento, voy a seguir avanzando porque Dios me ha ordenado que lo haga. Hace dos años y medio, lo único que tenía eran palabras al azar, sin correlación entre ellas en absoluto. Todo lo que sabía era que tenían algo en común: el poder "ver".

El mensaje es simple: DIOS ES. Y hay una realidad mucho más verdadera de la que nuestros sentidos puedan percibir. La invitación de Dios para que nos movamos desde nuestra realidad distorsionada a la Suya perfecta se ha extendido por lo largo de nuestra propia existencia.

Él ha sido tan paciente y misericordioso con nosotros como cualquier padre sería con su niño pequeño. Pero ya no somos tan jóvenes e ingenuos. Hemos crecido y debemos llegar a ser más responsables por nuestras acciones. El temor y el orgullo nos han cegado a las verdades espirituales que nos rodean, y nos escondemos detrás de paradigmas culturales y las esperanzas de encontrar respuestas científicas cuantificables.

Sobre todo detrás de una superioridad religiosa. Nosotros somos la iglesia, el pueblo elegido. Por lo tanto, deberíamos ser los que constituyen el puente hacia el reino de Dios. Tenemos que aprender a ser humildes y dar la vida por nuestros enemigos.

A través de la historia de la humanidad, la religión ha fallado demasiadas veces. El Espíritu de Dios me ha mostrado que usando el nombre de Dios en vano va mucho más allá de la maldición. Nosotros usamos el nombre de Dios en vano si nos llamamos cristianos y aún odiamos, o juzgamos a nuestros hermanos, considerándolos por debajo de nuestro "orgullo espiritual".

No deberían existir ningunos "gentiles nuevos".

¡Dios ama a todos! Incluso a nosotros los cristianos.

El enfoque que tomamos para con Dios debe ser auténtico como Él es auténtico. Su Espíritu está obrando en todos nosotros. Dentro de cada uno de nosotros. Individualmente. ¡Ahora! ¡Hoy mismo!

Nuestra responsabilidad ha crecido en paralelo a las oportunidades que ahora tenemos para buscar su voluntad y llevar a cabo lo que Él tiene en su mente. No es difícil en absoluto. Él desea tener una relación mas personal con nosotros y anhela nuestra confraternidad. Ahora tenemos varias formas mas avanzadas de estudiar La Biblia e investigar sus enigmas sin encarcelarnos en doctrinas que traen aun mas division entre los mismos cristianos. Por lo tanto, depende de nosotros. Todo se reduce a nuestro libre albedrío. Tenemos una opción clara, y ya no tenemos excusas para no tomar una decisión acerca de lo que creemos o no. Ha llegado el tiempo en el que debemos empezar a creer en lo que creemos porque lo creemos.

Por lo cual, este es el pacto que haré con la casa de Israel
Después de aquellos días, dice el Señor:
Pondré mis leyes en la mente de ellos,
Y sobre su corazón las escribiré;
Y seré a ellos por Dios,
Y ellos me serán a mí por pueblo;

Y ninguno enseñará a su prójimo,
Ni ninguno a su hermano, diciendo: Conoce al Señor;
Porque todos me conocerán,
Desde el menor hasta el mayor de ellos.
Hebreos 8:10-11

TUVE UN SUEÑO

....

Me paro frente a un espejo y veo mi imagen reflejada en él. De repente, mi imagen explota en millones de átomos y células. Aún consciente, experimento una ola nauseabunda de pánico y desesperación. Sé que es necesario para mí tener una imagen concreta, una forma, con el fin de mantener un sentido real de quién soy yo.

Hay espejos a mi alrededor, mostrando reflejos de imágenes que no son míos. Mis átomos y células dispersas van de uno en uno tratando de ajustarse a ellos mientras que la ansiedad me abruma. Veo imágenes de otras personas, y yo trato de formarme a su semejanza, pero sé que no está funcionando. Corro con desesperación hacia otros espejos, otras reflexiones-imágenes de posesiones materiales y objetos como coches, ropa, y barcos. Intento de nuevo formarme a su semejanza, pero sólo trae más dolor a mi imagen rota.

Por último, en un instante, hacia una esquina veo un espejo irradiando una especie de luz suave y tranquilizada. Mis átomos todavía desconectados, se apresuran a él tratando una vez mas de reformarse a sí mismos en la imagen de lo que ven. Desde el momento en que decido hacerlo, mi conciencia experimenta un sentido de pertenencia. Pero no es mi propia imagen que me da esa sensación de paz y calma. Empiezo a reconocerlo a lo que mis células errantes y átomos se van uniendo y comienzan a tener sentido de mí. Es la imagen de Dios!

Ahora sé que no soy yo la realidad en busca de una imagen. Yo soy la reflexión desde el otro lado del espejo buscando una realidad!

Yo no soy realidad a menos que elija ser la imagen de lo único que lo es. No existiría a menos que elija tener un observador que mire sobre mí.

OCULTO A PLENA VISTA

....

Por eso les hablo a ellos en parábolas: Aunque miran, no ven; aunque oyen, no escuchan ni entienden. En ellos se cumple la profecía de Isaías: "Por mucho que oigan, no entenderán; por mucho que vean, no percibirán. Porque el corazón de este pueblo se ha vuelto insensible; se les han embotado los oídos, y se les han cerrado los ojos. De lo contrario, verían con los ojos, oirían con los oídos, entenderían con el corazón y se convertirían, y yo los sanaría.
(Mateo 13:13-15 NVI)

La verdad de Dios se ha ocultado a plena vista ante nuestros propios ojos en su Palabra y en toda la naturaleza a través de los siglos para que los que buscan conocerlo, lo encuentren. He pasado más de un año y medio investigando todas las instancias en las que aparece el tema de los ojos y de la vista en la Biblia. Hay una abundancia impresionante de material. De acuerdo con el Nuevo Testamento, Jesús sanó a muchos ciegos de diferentes maneras. En una, simplemente le tocó, y en otra, Él perdonó sus pecados, y en otra, escupió sobre el. *(Mateo 9:27-31; 12:22; 20:29-34, Marcos 8:22-26; Juan 9:1-7).* Y sin embargo, todavía estamos tratando de poner a Dios en una caja. Esperamos que él haga las cosas que queremos que haga, de la misma forma en que lo hizo alguna vez y al momento que se lo pedimos.

No te fíes de lo que tus ojos físicos pueden ver, pero busca la realidad última en él. Ten la seguridad, de que Él se revelará ante ti si eliges buscarlo, pero búscalo con todo tu corazón *(Deuteronómio 4:29)*. Él es la única realidad segura y absoluta. El dijo que El es "el yo soy" presente eterno *(Éxodo 3:14; Isaías 40:5)*.

Por ahora, tenemos que llegar a una conclusión: Estamos ciegos, y nuestra falta de humildad y temor ha torcido todo desde un principio. Vivimos dentro de una percepción torcida de la realidad y no se llega a la conciencia de esta verdad hasta que empezamos a notar los patrones de Epifanía y destellos de luz que muchas veces los llamamos "coincidencias".

NO ES SUPERCHERIA

No voy a tratar de convencer a nadie de que este reino espiritual invisible sólo puede basarse en la presunción de la fe. Es mas, el Espíritu de Dios me ha enseñado lo que realmente quiere decir tener fe en él. De alguna manera, yo había tenido la impresión de que no importaba si entendía nada acerca de la naturaleza de Dios o no. Todo era cuestión de fe. Como quien dice "sólo creo porque tengo fe y punto".

Este modo de pensar es el caldo de cultivo perfecto para aceptar lo que venga y dejar abierta la puerta a las opiniones de los demás e inconscientemente se convierten en nuestras propios pseudo-creencias. Aprendemos entonces a repetir lo que hemos escuchado en nuestras iglesias o lugares de culto sin saber o no si son la verdad y no nos tomamos el tiempo para hacer de nuestra fe algo que realmente soporte toda clase de batallas.

Lo que mi Biblia dice acerca de la fe difiere de esta forma de pensar.

*"La fe es la **certeza** de lo que se espera, la **convicción** de lo que no se ve"*
(Hebreos 11:1, énfasis añadido).

Las palabras *certeza* y *convicción* no están muy de acuerdo con la mentalidad del creer sin pruebas, o evidencias concretas. Esta es una clase de fe como un "globo". La clase de fe que cómodamente se balancea de pensamiento en pensamiento, de sentimiento a sentimiento y cambia de acuerdo a tus emociones físicas o circunstancias presentes. Pero que se revienta fácilmente al enfrentarse a la primera incidencia aguda que se encuentra. Yo creo que la verdadera realidad puede ser todo lo contrario de lo que siempre hemos creído. Como un reflejo en el espejo – una realidad invertida.

Es más rentable, aunque erróneo, el creer que somos nuestros propios dioses, que vivimos en el otro lado del espejo y somos nosotros los que proyectamos la imagen al espejo y no nos damos cuenta de que somos nosotros la imagen en el espejo y nada tendría sentido si no elegimos proyectar la única realidad que existe fuera de nuestra propia existencia: DIOS *(2 Tesalonicenses 2:11, Isaías 44:18, Ezequiel 12:2).*

Una forma fácil de poner prueba a nuestra fe es observar nuestra actitud frente a los problemas que nos acosen. Como reaccionas? Con miedo? O te paras en medio de la tormenta con una fe desafiante y segura que Dios lo tiene todo bajo control?

No entiendo porque nos rehusamos a aceptar "humildemente" que hemos sido creados en la imagen de Dios!

Toma cierta clase de humildad de ámbito divino y sagrado para aceptar el hecho que no podemos con lo que el mundo tiene listo para nosotros sin la ayuda del Espíritu de Dios en nosotros que nos hace victoriosos y no víctimas, que nos da paz y no temor, que llena cada rincón de nuestras almas con amor y no con envidia o falta de perdón.

La humildad nos permite arrancar nuestro orgullo canceroso y aceptar que hemos sido creados y que nada nos pertenece. Ante los ojos abiertos, Dios lo es todo y esta en todo y todos. Es Omnipresente - Omnipotente.

En él fue creado todo lo que hay en los cielos y en la tierra, todo lo visible y lo invisible; tronos, poderes, principados, o autoridades, todo fue creado por medio de él y para él.(Colosenses 1:16).

La paradoja divina surge una ves mas en el instante en que nos declaramos sin valor propio, insignificantes, y creados por un Dios; el poder de todo el universo se despierta en nuestra conciencia dormida. Con los ojos espirituales abiertos, nos damos cuenta de lo que realmente somos y lo que Él realmente es, porque hemos sido creados a su imagen.

*Y Dios creó al hombre a su imagen. Lo creó a imagen de
Dios. Hombre y mujer los creó.(Génesis 1:27).*

Cuando llegamos a la conciencia de esta gloriosa verdad, es como quitarse el manto de la oscuridad y de la mentira y nos introducimos a una nueva naturaleza, que nos permite ver por fin la realidad última y absoluta.

*y revístanse de la nueva naturaleza, creada en conformidad con Dios
en la justicia y santidad de la verdad.(Efesios 4:24).*

Dios ES. Nosotros elegimos ser o no ser de acuerdo a nuestra libre elección de como decidimos vernos a nosotros mismos en relación con EL. Sin él, somos como un grupo amorfo de células y átomos, que van de una cosa a otra, de un pensamiento a otro, de dogma a dogma, de doctrina a doctrina, de una realidad virtual a otra realidad virtual, tratando de encontrar nuestro reflejo en un espejo que no tiene ningún sentido. No tenemos ninguna esperanza de *SER* a menos que lleguemos a la conclusión de que somos solo una imagen en el espejo.

¡Si ni siquiera saben cómo será el día de mañana! ¿Y qué es la vida de ustedes? Es como la neblina, que en un momento aparece, y luego se evapora.(Santiago 4:14)

¡Ay, todos pasamos como una sombra!
¡Ay, de nada nos sirve tratar de enriquecernos,
pues nadie sabe para quién trabaja! (Salmo 39:6).

ES HORA DE VER

"Estad quietos, y sabed que yo soy Dios "(Salmo 46:10).

Afortunadamente, Dios nos ha dado instrucciones para despejar nuestra visión. Echemos un vistazo más de cerca al versículo de la Biblia arriba. "*Estad quietos* [tiempo detenido] y *sabed* [se centran en el conocimiento de él] *que yo soy Dios* [Él **es** – tiempo eterno]."

Conocerlo va más allá de simplemente saber de él. Creer en Dios no es tan poderoso como creerle_a Dios. Uno puede saber de Leonardo Favio pero no necesariamente conocerlo. Conocer a Dios es para los que hemos experimentado su presencia y tenemos una idea de Su naturaleza, de tal forma que nos convertimos en parte de él, y él parte de nosotros. Dios mismo nos ha dado la capacidad de comprender su majestuosa sabiduría. Él anhela tener una relación estrecha con cada uno de nosotros, una relación íntima específicamente atendiendo a nuestras necesidades individuales y haciendo caso e hincapié a la personalidad de cada uno de nosotros.

Yo soy evidencia de tal impresionante verdad. Él me ha elegido a mi, la más improbable de los candidatos, para compartir este mensaje de conciencia y realidad. *(1 de Corintios 1:27)*

Tal vez sea porque estoy consciente de que la vida está llena de distracciones que intentan difuminar la visión de su realidad y he aprendido lo que significa realmente **verlo**. Todo se reduce a una cuestión de elección personal. Las opciones que tomamos continuamente todos los días al final son las que nos definen. Nuestros ojos nos engañan, nuestro cerebro nos miente y manipula, y las opiniones de los demás nos hacen pedazos. Entonces, ¿qué vamos a hacer?

Yo sólo puedo decir lo que yo personalmente elegí hacer. Decidí creer que hay algo mucho más grande que yo. Decidí creer que algo o alguien es el origen de todo lo que ha sido creado, incluido yo mismo. Decidí creer que su realidad no se define por este mundo físico y que su esencia va más allá de lo que mis ojos ven y mi cerebro puede comprender. Y el milagro es: Él me conoce y anhela ser conocido por mí.

El ver que los ojos de mi hijo Casey se comienzan a abrir, también es apasionante. Él me envió la siguiente carta no hace mucho tiempo:

LA LUZ DEL SOL EN MIS OJOS

por Casey Hopkins

Cuando sale el sol y las nubes empiezan a brillar, su calidez golpea mi piel, y miro hacia el océano, sin señal de tierra en la vista de mis ojos.

El horizonte no es más que una línea delgada que separa un avión gigante de los otros, pero a medida que el viento sopla a través de mis mejillas, siento la alegría de ser pequeño. En esta apertura amplia, soy tan increíblemente pequeño que mi mente consciente no puede comprender lo que mis ojos ven. Lo que veo no es lo que siento. Veo la separación del cielo y del mar, pero tengo entendido que son inseparables y tratar de dividirlos es absurdo. Lo que veo es verdad.

La verdad es siempre relativa a un punto de vista, y la apariencia del mundo es relativo a nuestros ojos, pero lo que veo ahora es algo que, a pesar de las alteraciones del sentido humano de la vista, no puedo encontrar palabras lo suficientemente fuertes como para expresar la belleza o la perfección del mundo que me rodea. El mundo es una extensión de mí mismo, y estoy totalmente inseparable de él. Mi contribución es simplemente reconocer que lo que es, es y eso es todo. Yo soy lo que me rodea y lo que me rodea soy yo mismo, no es algo que se ha hecho, sino que siempre ha sido, y cualquier otra cosa ha de venir.

De pie aquí, yo estoy con Dios, y hay amor. He aquí un éxtasis emocional de libertad y un propósito. Cuando siento la necesidad de capturar este momento para guardarlo para un instante de desesperación, no puedo. Y ¡qué delicia! No puedo detener la actualidad, por lo que es. Obsesivamente, mi mente se pregunta cómo puede ser, y se cuestiona cómo compartir la experiencia con alguien más.

Cada pensamiento pasa por un momento, sin apuro, pero dejando sólo lo que ha cumplido en su propósito, lo haya entendido o no. Y si yo no llegase a entenderlo, estaría bien también. No siento ningún tipo de restricción en el no saber. El tiempo pasará, y aunque yo nunca llegue saber nada más, estaría bien también.

Para aquellos que han visto qué es lo que he tratado de describir, saben entonces que nosotros, tú y yo, tenemos una relación especial. La luz del cielo se refleja contra el agua y refleja contra mi alma. El agua parece más azul en este día, y mi alma estalla con más claridad y alivio de lo que pensaba era posible.

Ser capaz de entregar estos pensamientos de complejidad se unen al tiempo. No hay futuro más allá del presente y el pasado está siempre detrás de mí. No hay clímax de emoción que tenga que preservar porque la Tierra no es lo único que mis ojos están viendo. Estoy viendo la inmensidad del espacio y, en última instancia, la grandeza de Dios. Estoy buscando a través de los ojos que Dios me dio, sin obstáculos a lo que el hombre ha hecho y entender lo que Dios hizo.

Un pensamiento que se me ocurre del vacío (¿o será de la plenitud?): "¿Por qué Dios no dijo que lo que Él hizo fue "genial"? Esto es sin duda mejor que "bueno"! Y esto es lo que el viento me susurró: Dios hizo al hombre a su imagen para que puedas ver lo que Él ha hecho. Hasta el día de hoy, he sido ciego. "En este momento, siento alegría al saber que no estoy en el exterior mirando a su creación en temor, sino que lo estoy mirando de la forma como Dios lo había mirado.

Todo lo que era yo mismo no era mío, se entrelaza con lo suyo, y lo que me he atrevido hasta ahora a llamar mío y he mantenido lejos de las manos de Dios, libremente lo devuelvo por temor de que sólo se convierta en una distracción de Su verdadera grandeza. He visto con mis propios ojos lo que Él creó en el primer día y cómo se ha sentido. No trataré de controlar mas nada porque no hay nada que controlar! Está bien en su lugar y al no ser yo mismo el dueño de ello es exactamente donde debo estar. Es decir, mi sentido de compasión no ha sido provocado por el ensimismamiento y la justicia que antes había venido a ver.

Es saber que todo lo que me rodea siempre ha sido, y he llegado a comprender que existo en un mundo en el que las cosas son como son. Este día ha tenido tal impacto en mí que yo podría escribir mil veces y nunca comprender el verdadero significado de todo esto.

* Mi hijo probablemente escribió esto mirando hacia el océano desde el barco "George Washington" de la fuerzas marinas de los U.S.A. en el Japón.

NUESTRAS DECISIONES

La decisión mas importante de la vida es aquella que tomas acerca de tu relación que optas por tener con El Creador. Todas las demás decisiones dependerán de ésta.
Grace Espinoza Guthrie

Una característica interesante de nuestra naturaleza humana es que no nos gusta renunciar a nuestra libertad de elección. No nos gusta que nadie nos diga qué debemos hacer o en qué podemos creer o no. Si bien nos despertamos diariamente a un sinnúmero de opciones en las que somos libres de elegir, también estamos obligados por las decisiones que han sido previamente hechas para nosotros por el bien de la comunidad y el de la cultura en la que vivimos. Cada día nos enfrentamos a una serie interminable de aparentemente "libres elecciones" tales como la ropa que nos vamos a poner, lo que elegimos para desayunar, el coche que conducimos, etc. Pero si lo pensamos bien, sabemos que no somos libres de salir sin ropa, que todo lo que comemos para el desayuno tendrá consecuencias para nuestra salud, y el coche que conducimos es el que pudimos comprar de acuerdo a nuestras finanzas. El Espíritu de Dios me ha mostrado que muchas de las opciones que percibimos como "libres de elegir" no son más que un espejismo.

Existe una sola "elección" que tarde o temprano todos debemos realizar y es ésa la que cura nuestra ceguera espiritual. Es cuando conscientemente elegimos aceptar el hecho de que hemos sido creados por un Creador. Esta es la decisión principal que determina la esencia de nuestra existencia en esta tierra y nuestro destino una vez que pasemos por esta vida. Reconocer que todos somos parte del TODO. Él nos ha dado suficiente contraste entre el bien y el mal, lo correcto y lo incorrecto, para hacer esta decisión más fácil. No tomar una decisión - u optar por no reconocerla - es una elección en sí mismo.

LIBERTAD Y LA PARADOJA DIVINA

En el instante que Dios eligió darnos la libertad de elección o libre albedrío, sabía que estaba poniendo en nuestras manos la misma característica que nos haría más a su semejanza. Somos los únicos seres en la tierra que somos conscientes de ser.

Por lo tanto, en cierta forma estamos forzados a tomar esta decisión. El filósofo Jean-Paul Sartre lo puso un poco más dramáticamente cuando escribió: "Estamos condenados a ser libres." O elegimos a Dios como Dios o no lo hacemos. Y esta es la elección que, oculta entre millones mas de ellas clandestinamente ilusorias, la que nos hace verdaderamente libres. Tenemos la libertad de *ver* las cosas bajo el resplandor de Su luz divina, magnífica y pura o bajo la iluminación débil de nuestra propia potencia artificial y de bajo voltaje.

Una sola opción entre dos: sí o no, encendido o apagado, luz u oscuridad, vida o muerte, arriba o abajo… A mi modo de ver, si no elegimos uno, estamos eligiendo el otro por defecto. No hay escape. Ya sea que elegimos a Dios o no. Esa es la forma en que ha sido esto diseñado. Nuestras quejas de injusticia o gritos de "…no es justo!!" no van a cambiar las cosas. Pero al momento en que se elige a Dios, seremos verdaderamente libres. Somos libres de abrir la puerta a una vida con un propósito real bajo Su esplendor incandescente. En el mismo instante en que reconocemos a Dios como tal, abrimos los ojos a Su realidad inconcebible y a nuestras propias posibilidades por descubrir lo maravilloso que es la vida. Sabemos entonces por qué es que existimos, y la existencia precede a la esencia. Tomamos el primer paso a un viaje asombroso y sorprendente hacia la conciencia; ¡abrimos los ojos con reconocimiento total de quién ES Jehová!

Una de las cosas que se ven en claro gracias a esta nueva luz es la reconciliación de dos opuestos aparentes, a lo que yo llamo la "paradoja divina". Estoy totalmente asombrada por los cientos de paradojas que veo en mi vida diaria cuando presto atención. La Biblia está llena de ellas: Hay que morir para vivir, hay que dar para recibir, hay que ser humilde para experimentar la gloria, el camino hacia arriba es abajo, para ser el primero uno tiene que ser el último, y así sucesivamente. En el ámbito de estas paradojas divinas, la elección es difícil, pero muy real. Cuando elegimos *ver* a Dios, El nos devuelve la mirada y nos entrega todo el poder sobre el universo que una vez habíamos perdido.

Dios puso a Adán en el jardín del Edén y le dijo: "Mas del árbol de la ciencia del bien y del mal no comerás" *(Génesis 2:17)*. Él le dio a Adán la elección de obedecer o desobedecer, creer o no creer, confiar o desconfiar. Ese fue el instante en que Dios otorgó a Adán el mayor rasgo que lo hizo más como Dios mismo, el poder de elección - el libre albedrío. Ese mismo instante en tiempo y espacio, Dios renuncia control sobre nuestro poder de elección individual. En esta paradoja se encuentra la manifestación de Su amor perfecto y multidimensional para hacia nosotros. Sin embargo, Dios es Dios de todo lo demás. Él nos ha ubicado en el espacio y el tiempo, sobre los cuales Él mantiene el control total. Él sólo nos dio la libertad de elección individual y no debemos olvidarlo. Hemos sido hechos con un propósito y con intencionalidad absoluta, pero aun así, seguimos "hechos", "creados". Entonces, ¿qué nos impide dar este primer paso de conciencia? ¿Por qué no nos atrevemos a elegir su luz perfecta sobre nuestra pobre iluminación imperfecta? Es como elegir ser alumbrados por un foco de bajo voltaje en lugar de la luz del sol. Esta misma idea de "ser hechos", de ser una "creación", es lo que hiere nuestro orgullo en lo más profundo y nos impide bajar la cabeza hacia un Creador. Hay muchos que aun prefieren creer que son nada más que un "accidente" producido gracias a una sopa cósmica. Yo por mi parte, con mis ojos abiertos opto por creer que fui "creada" por una energía de AMOR absoluta y que un día volveré a ser parte de él.

Nos hemos quedado atrapados en una telaraña de mentiras que vienen de todas direcciones. Vienen del mundo, de las opiniones de los demás, de nuestra cultura y tradiciones, de falsas religiones, de experiencias pasadas, y la mayor parte de nosotros mismos y las mentiras que optamos por creer. El orgullo es sólo miedo vestido con capas de mentiras. Todos tenemos la tendencia de temer lo que no entendemos, pero somos demasiado orgullosos para admitirlo. Por lo tanto, optamos por rechazar lo que no entendemos y actuamos como si no lo necesitáramos. Nuestros temores son tan tortuosos y aprendemos a ocultarlos tan bien que nos vuelven insensibles a ellos y, por consecuencia, ya ni nos damos cuenta de su presencia. Nos convertimos en orgullosos de ser orgullosos *(Abdías 1:3)*.

El miedo se define como una sensación molesta negativa inducida por una amenaza percibida. Antes que nada, es una *sensación*, un *sentimiento* dictado por el cerebro-y ahora espero que ya hayan aprendido a no confiar en la información que sus resortes cerebrales les da. El miedo también nos lleva a juzgar si algo es bueno o malo, correcto o incorrecto. Este es un concepto canceroso que es mortal para nuestro crecimiento espiritual y letal a nuestra vista espiritual. El miedo está en el centro de los sentimientos negativos que nos debilitan. Yo por mi parte, he optado a no juzgarme superior a nadie pretendiendo apropiación de la verdad. Ya no tomo parte en la batalla del bien contra el mal y mas bien busco libertad del miedo. El Espíritu que vive en mi, me guía y enseña lo que me toca aprender. Yo solo obedezco y sigo su voz. El día que el miedo, que incidentalmente es todo lo contrario que el amor, desaparezca de mi vida - entonces sere verdaderamente LIBRE!

...y conocerán la verdad, y la verdad los hará libres. Juan 8:32

Pero creo que es el objeto de nuestro temor que importa y marca la diferencia en el resultado. ¿Tememos al mundo? El anhelo de ser aceptados a cualquier precio es tierra fértil para el miedo.

¿O acaso tememos al Señor? Cuando nos centramos en lo que le agrada a Dios, actuamos sin temor pero con convicción.

Cuando los físicos descubrieron por primera vez los agujeros negros, los vieron como el fin de todo, la desaparición de toda la materia a un infinito y desconocido y a la "nada." Hoy en día, han cambiado de opinión y consideran que no son necesariamente los puntos finales sino mas bien el principio de todo.

A mi modo de ver, Dios está tratando de enseñarnos una lección. Deberíamos haber aprendido ya que hay poco o más bien nada allá afuera en lo que podemos depositar nuestra fe sin ningún riesgo. Si un día estuvimos equivocados, ¿qué nos hace pensar (más que nuestro propio orgullo, por supuesto) que lo que ahora decimos con certeza no será renegado una vez más en el futuro? Yo por mi parte, he aceptado el hecho de que me mantengo a flote en una piscina de incertidumbre con suficiente fe en mi corazón por Dios para no ahogarme.

Todos somos participantes en un pensamiento cósmico Divino, mientras que al nivel atómico -gracias a la mecánica cuántica - los átomos y electrones actúan de una manera tan deslumbrante que el sentido común estalla en mil pedazos. Las partículas parecen aparecer y desaparecer de forma aleatoria. Nada es seguro, ni siquiera nuestra propia existencia, a menos que haya un observador.

Si colgaríamos este concepto frente al espejo espiritual, ¿qué veríamos? Con los ojos abiertos puedo ver que Dios esta tratando de comunicarse aun una vez mas con nosotros y esta vez por medio de la ciencia. Así como la inseguridad de la existencia humana es un juego a las escondidas entre átomos y electrones, es nuestra seguridad existencial en la mente de Dios.

La mayoría de los físicos sueñan con no morir antes de "casar" las leyes de la mecánica cuántica (leyes de lo mas diminuto) con las leyes de relatividad (leyes de lo mas grande). Así al igual en la religión, nos esforzamos para unir a lo muy pequeño (la humanidad) con lo muy grande (Dios).

Nuestra carne podría simplemente pasearse por la vida entera sin despertar a la conexión espiritual con Dios, pero nunca se sentirá completa a menos que tome conciencia de Su realidad.

TUVE UN SUEÑO

Soñé que Dios me había puesto en medio del jardín del Edén. Vi dos árboles. Entonces escuché la voz de Dios que me decía: "Tuviste acceso a toda mi creación, y elegiste comer del Árbol del Conocimiento del Bien y el Mal". Dirigí entonces mi atención hacia el Árbol del Conocimiento del bien y el mal, y vi que estaba marcadamente dividido en dos. La mitad era de color blanco puro, y la otra mitad era totalmente negra.

Vi gente subir y bajar por ambos lados del árbol, jalándose entre sí de lado a lado. "Este es el lado bueno!" "¡¡¡No!!! ¡Es éste!" Se gritaban los unos a los otros mientras se desgarraban aparte entre sí. La gente de cada lado defendía su posición entre la luz y la oscuridad – cada uno estaba convencido de que su lado era el lado justo; y estaba seguro de que los del lado opuesto eran malvados y estaban equivocados. Tuve un entendimiento instantáneo que desde el momento en que Adán y Eva escogieron comer del fruto del árbol del conocimiento del bien y el mal, hemos aprendido a juzgar por nosotros mismos qué y quién es bueno o malo. Entendí inmediatamente por qué es que nos consideramos nosotros mismos ser más justos que los demás y como fue que empezamos a juzgar todo y a todos que de acuerdo a nuestra percepción, estaban del "otro lado".

Nuestros otros ojos espirituales se habían cerrado!

Dios entonces apuntó al árbol de la vida y dijo: "Tenías acceso a la vida en éste árbol, y elegiste no aceptarlo." Puse mis ojos en el otro árbol que estaba plantado en el paraíso y su luz era extremadamente brillante, y parecía bailar en fuego… Su luz era demasiado para mis ojos y sentía que me cegaba. Sentí como esta luz refulgente me quemaba las corneas de mis ojos cegándome al mundo físico y abriendo mis ojos espirituales los cuales por fin pudieron verlo a El.

Era libre de ver a Dios.

Me acerqué entonces aun más a éste árbol mágico y de pronto dejé de preocuparme por primera vez si estaba bien o mal, mi capacidad de juzgar se había quemado con mis ojos físicos. Casi hipnotizada mantuve centrados mis ojos quemados por su luz y supe que con los ojos espirituales ampliamente abiertos podía ver que yo existía y estaba caminando en gloriosa paz y gozo hacia al ámbito de Su reino.

LA ELECCIÓN DE ADÁN Y EVA

Pero la serpiente era astuta, más que cualquiera de los animales del campo que Jehová Dios había hecho. Le dijo a la mujer: "¿Conque Dios os ha dicho: 'No debes comer de todo árbol del huerto?'". Le dijo a Mujer a la serpiente: "Podemos comer del fruto de los árboles en el jardín, pero Dios dijo, 'No debes comer fruto del árbol que está en el medio del jardín, y no debes tocarlo, o te vas a morir.' "No moriréis", dijo la serpiente a la mujer. "Porque Dios sabe que cuando comáis de él, tus ojos serán abiertos, y seréis como Dios, sabiendo el bien y el mal"(Génesis 3:1-5).

"Tus ojos serán abiertos" - ¡ahí está la mentira! ¡Nuestros ojos fueron cerrados! "Y conoceréis el bien y el mal" - ¡otra mentira! Es sólo Dios el que tiene el poder y el derecho de juzgar, El es quién está autorizado a pronunciar y diferenciar lo bueno de lo malo. Dios es el autor y creador de todo lo que ha sido creado y El sostiene el conocimiento del bien y el mal en las palmas de sus manos. Sólo complicamos las cosas cuando nos tomamos la libertad de juzgar. Nos hemos matado los unos a otros durante siglos sobre ideas beligerantes ya sea de origen político y/o religioso tratando de imponer dogmas e ideas que a nuestra juicio están en lo correcto.

Cuando la mujer vio que el fruto del árbol era bueno para comer, agradable a la vista, y codiciable para alcanzar la sabiduría, lo tomó y se lo comió. Y dio también a su marido, que estaba con ella, y él comió. Entonces los ojos de ambos de ellos fueron abiertos, y supieron que estaban desnudos, y entonces cosieron juntos hojas de higo e hicieron revestimientos para sí mismos. (Génesis 3:7-8)

¿Pueden ver?

Inmediatamente después de que Eva mordiera el fruto de la mentira ella, "vio que el fruto del árbol era bueno para comer, agradable a los *ojos*". Vio por primera vez usando sólo sus ojos físicos. Adán y Eva perdieron la capacidad de ver con los ojos espirituales que Dios les había dado inicialmente a ellos. Su percepción espiritual fue inmediatamente distorsionada y borrosa debido a su elección de comer del árbol del Conocimiento por lo tanto atenuando la luz incandescente de Dios, dando así el comienzo de ver el mundo a través de su propia iluminación imperfecta—esa iluminación física que les mostró su desnudez y la vergüenza fue introducida a la condición humana.

La mala noticia es que debido a esto todos hemos nacido espiritualmente ciegos. La elección errada de Adán y Eva ha bloqueado la claridad de la luz de Dios y ha obstaculizado nuestra visión espiritual.

La buena noticia es que todos podemos aprender a ver de nuevo. Cuando nos enfrentamos a la gran elección con humildad, la luz de Dios puede disipar la ceguera de nuestra visión física y nuestros ojos espirituales podrán ver otra vez.

Todo revuelve al rededor de lo que elegimos en qué creer, cómo elegimos actuar, y lo que elegimos hacer con esta nueva revelación. El ir despertando poco a poco a una nueva realidad. La única y verdadera de quienes somos. Y debemos de tratar de no distraernos - tenemos que mantener la concentración en aquella luz divina. Mis ojos se postran solo ante Él, nada más, de nadie más. Y he comprendido que mientras mantengo mis ojos fijos en El, no tengo oportunidad de compararme con nadie más, porque no soy mejor ni peor que nadie. Y esa verdad me libera. He perdido - por fin - el temor a ser llamada "rara", "loca", "errada" o "hereje" y he desistido en buscar aceptación humana.

No debo preocuparme de las fallas de los demás sino solo de la mías propias. Una vez que acepto que soy Su creación, y su luz ha agudizado mi visión espiritual, debo dejar que me de forma. Tengo que tener fe para convertirme en la herramienta perfecta para su propósito divino de servicio hacia los demás.

LA FE

Entonces, ¿qué es la fe? Es la fe ciega? ¿O es la fe realmente capaz de ver más allá de nuestras circunstancias presentes? Yo creo que la fe es la fuerza consciente y capaz de ver lo que nadie más puede ver, aquello que está oculto a nuestros ojos físicos, pero se revela, tan claro como un cristal frente nuestros ojos espirituales a la luz de la realidad de Dios. La fe cree en lo que *sabe* que es real y verdadero. Pero creo que hay algo sumamente peligroso con nuestra fe en la actualidad.

Muchos profesan tener una "fe ciega" con sus labios, pero esa clase de fe nunca toca sus corazones.

Lo único que han aprendido es a repetir palabras vacías y pensamientos comunes que han escuchado toda su vida venir de otras personas a su alrededor. Deciden ser miembros de una u otra denominación por la mayor parte por conveniencia mas que por convicción. Yo puedo hablar de esto porque yo he sido así toda la vida antes de esta magnifica experiencia personal con El Espíritu de Dios que me ha guiado fuera de mi cárcel mental y espiritual.

Uno de los factores mas alarmantes que encontré durante mi investigación para este libro, fue el hecho de que hay cientos, incluso miles de divisiones dentro de todas las mayores religiones en el mundo siendo en el cristianismo un numero cerca de los 30,000!!

La fe en Dios debe estar estrictamente conectada con la obediencia individual y personal al Espíritu que vive en cada uno de nosotros. Se requiere humildad divina para moverse en la obediencia por medio de la fe. El verbo "moverse" es importante. A menudo Dios nos pide que vayamos más allá de lo que humanamente percibimos como la realidad y nos aguijonea para actuar en contra de nuestra propia lógica individual *(Lucas 05:05)*. El actúa y nosotros reaccionamos. Las circunstancias se presentan y nosotros reaccionamos frente a ellas. Su movimiento, por cierto, es constante y persistente. Nosotros cambiamos constantemente y elegimos como reaccionar. Su Espíritu está siempre en movimiento perpetuo pero Su justicia nunca cambia.

EL ÁRBOL

Hace un par de semanas, me senté bajo un árbol de roble majestuoso en una iglesia cerca de mi casa. Tenía la esperanza de capturar el laberinto de sus ramas y la textura de su enorme tronco en una pintura.

Después de veinte minutos de estarlo viendo, lo único que podía pensar era en la suerte que tenía de que mis ojos pudieran presenciar tal belleza. Realmente la majestuosa presencia de tal árbol tocó profundamente mi corazón. Apenas dos días más tarde, vino una tormenta y derrumbó aquel árbol poderoso hacia abajo cayendo en pedazos al frente de la puerta de la iglesia.

Al escuchar la noticia, yo estaba horrorizada. Sentí la necesidad de ir a verlo con mis propios ojos, y cuando lo hice, las lágrimas corrieron en incredulidad. Probablemente fui el último ser humano en la Tierra que se había dado un festín visual bajo su magnifica forma y este pensamiento me entristecía.

Con mis ojos llenos de lagrimas me acerqué a un hombre que estaba cortando las ramas haciendo leña del gigante de madera muerta. Al mirarme, trató de consolarme y me dijo "No llores por este viejo árbol, cariño. Llora por aquellos que no tienen a Dios en sus vidas."

Procedió a explicarme que la congregación de esa iglesia había sabido que este árbol estaba podrido por dentro. Durante mucho tiempo se había ido debilitando por insectos y termitas que lo acosaban y es más, tenían miedo de que algún día iba a caer en la parte superior derecha de su pequeña iglesia y causar un gran daño.

Yo no podía creer que era sólo una coincidencia que este árbol había crecido justo al lado de una iglesia. Y definitivamente no era un "árbol viejo" cualquiera. Más tarde me enteré que este viejo gigante fue considerado como el roble más antiguo en el estado de Tennessee. Muchos fotógrafos profesionales y pintores habían acampado bajo sus sombras gloriosas y admirado su belleza.

Tampoco podía creer que era una coincidencia que yo había estado también bajo su sombra solo dos días antes. Una lección tenia que estar escondida en algún rincón de tal "Diocidencia". Volví mis ojos hacia Dios y le rogué que me explicara la realidad espiritual y que estaba lista y dispuesta a la revelación que me pertenecía a través de tales circunstancias.

Me desperté al día siguiente con la respuesta. La imagen de ese poderoso árbol, ahora podrido y caído, era la representación perfecta de nuestra fe vacía.

¿Cuántos de nosotros tenemos esa clase de fe? De pie con orgullo y con los brazos extendidos como diciendo: "Miren la fuerza de mi fe. Vengan y siéntense bajo mi sombra, y déjenme orar por ustedes." Y entonces, de la nada, una tormenta golpea nuestras vidas, y nuestra fe es derribada al suelo. Nuestra fuerza ilusoria se desmorona como ramas de madera seca y podrida y dignas solo de deshecho. La fe es probada por circunstancias difíciles. Nuestra reacción ante dichas circunstancias es donde la verdadera fe brilla. Cualquier cosa que se derriba frente a la presencia de problemas es sólo una sombra, una alucinación, un espejismo de la fe verdadera.

La perseverancia y constancia son los rasgos propios de una fe auténtica. Y la fe, a su vez, se alimenta de estos mismo rasgos. *(Lucas 8:25).*

En lugar de tratar de impresionar a los que nos rodean con nuestra fe a través de nuestras obras y palabras, ¡debemos admirar a Dios con nuestra fe en lo que Él puede hacer!

Ahora estoy convencida que Dios esta gritando Su Verdad a través de todos los medios conocidos por el hombre: "Déjense de chiquilladas y maduren!!"

Cuando yo era niño, hablaba como niño, pensaba como niño, razonaba como niño; cuando llegué a ser adulto, dejé atrás las cosas de niño. 1 de Corintios 13:11

Las religiones han tenido la tendencia de separarnos y eso no puede venir de Dios. De ningún dios.

El otro día nadaba en la alberca del YMCA y tuve otra Epifanía. Allí existen divisiones marcadas por flotantes de plástico para formar las lineas. Pero todos nadamos en la misma agua. A pesar de que como humanos hemos persistido en marcar nuestras diferencias, todos nadamos en la misma agua divina y si escupimos o peor… en ella; nos afecta al igual a todos!

NUESTRA REALIDAD

La realidad es simplemente una alucinación, aunque una muy persistente.
-Albert Einstein

Nuestra realidad subjetiva - lo que vemos - es en realidad sólo una reflexión de lo que es, sin duda y absolutamente **real**. Nos convencemos a nosotros mismos de esta alucinación, y al hacerlo se ciegan nuestros ojos espirituales y bloqueamos la luz de Dios. Vivir en esta realidad distorsionada suscita el temor, la ansiedad y la culpa, todos los cuales pudren nuestras mentes y carcomen nuestras almas como termitas en un pedazo de madera.

Pero un mayor nivel de conciencia trae consigo la presencia de la libertad que de forma innata poseemos como seres creados por Dios. La libertad de elegir. Una vez que hemos tomado la decisión imprescindible de creer en un Poder absoluto creativo, comenzamos a **ver** a través de la naturaleza efímera de nuestra propia realidad. Empezamos a vislumbrar los patrones que definen la relación compleja entre Dios, el resto de la humanidad, y nosotros mismos.

He estado trabajando duro para identificar y eliminar los factores que han desdibujado mi visión espiritual durante tantos años. He tratado de liberarme de ideas preconcebidas y de los sistemas de pensamiento que han sido plantados en mi mente por influencias externas y esto ha abierto un portal a una nueva dimensión universal de una nueva visión divina que ahora reconozco siempre ha descansado en mi elección dada por Dios desde un principio.

Hasta hace dos años, estaba paseando por la vida con la falsa idea de que no era ciega. Pero si la física cuántica ha validado algo, es la constatación de que no existe absolutamente nada tal como lo vemos. Existe una realidad más allá de nuestros sentidos y más allá de lo que podemos captar con nuestro sentido del ego.

La física cuántica dice que el universo está hecho de energía, espacio, masa y tiempo. Todos ínter - penetrantes entre sí. Este revoltijo cósmico sería aterrador si lo mirara a través de la reflexión deformada de mi propia falsa realidad. Afortunadamente, ya no tengo que temer. Dios me ha dado gracia en forma de un espejo espiritual que puedo colocar delante de cualquier realidad física determinada con el fin de ver una mayor verdad espiritual.

Dios puede hacer UNO de muchos y muchos de UNO. El es El Creador Absoluto de toda energía, espacio, masa y tiempo. Y Él me ha permitido tomar conciencia del ámbito de Su reino, para optar por ver mi vida reflejada en Su realidad más que en la mía.

LA BALA MÁGICA?

La mayoría de los físicos teóricos son personas muy espirituales. Supongo que no lo pueden evitar en vista de lo que experimentan diariamente en su campo. Estoy segura de que a muchos de ellos les gustaría poner fin a la noción disparatada de que la ciencia tiene todas las respuestas. Ellos saben mejor que nadie que la ciencia sólo ha abierto las puertas a más preguntas sin respuestas. Los físicos son testigos de la gran cantidad de fenómenos inexplicables que no tienen mucho sentido y que contradicen con sus ecuaciones. Se preguntan constantemente de donde las leyes de la física provienen en el primer lugar.

¿Quién es que ha puesto estas leyes básicas en movimiento? ¿Y por qué no la ley de las cosas "grandes" no se alinean con la ley de la cosas "pequeñas"? (La física cuántica con la ley de la relatividad del cosmos) Los físicos están más conscientes que nadie de que lo que llamamos **realidad** no es mas que un gran espejismo y puede que sea nada mas que una alucinación colectiva.

La observación minuciosa de la realidad física puede abrir nuestros ojos espirituales. Si observamos con detenimiento la naturaleza al rededor, podemos empezar a ver patrones de sistemas que nos pueden a la vez, mostrar realidades espirituales que como paradojas paralelas se encuentran en el mundo físico. *(Hebreos 10:1)*

No obstante, hay quienes son parte de esta comunidad científica que son amigos del gatillo y andan con ganas de disparar con la esperanza de matar a la religión una vez por todas. Por mi parte, yo no los culpo. De hecho, creo que Dios está muy tentado a dejar que ellos obtengan las balas. La religión no es exactamente lo que Dios tenia en mente cuando creó la humanidad. Es mas, creo que esto es parte de la razón por la que permanecemos ciegos a Su realidad.

> *"Porque Cristo no entró en un lugar santo hecho por manos, una representación del verdadero, sino en el cielo mismo, para presentarse ahora en la presencia de Dios por nosotros" (Hebreos 9:24).*

La realidad de Dios se ha manifestado en el cuerpo de Jesucristo. Y esta realidad no se reveló en un lugar de adoración "hecho por el hombre". Su realidad no puede por lo tanto, ser contenida dentro de reglas antagonistas y duras de un dogma sectario o dentro de teorema científico estrictos.

Aquellos que creen firmemente en sus nociones preconcebidas religiosas o científicas - necesitan pedir prestado una página del libro de la física teórica y otra de La Biblia.

No podemos elegir vivir dentro de Su realidad si estamos demasiado apegados a la nuestra. En Su realidad no hay prejuicios, no hay ideas separatistas, y El Amor es rey.

EL POBRE GATO - NO TIENE UNA OPCIÓN

En 1935, a Erwin Schrödinger se le ocurrió un experimento abstracto que era hasta un poquito cruel. En un escenario hipotético, colocó un gato virtual dentro de una caja para provocar la reflexión y el debate acerca de las probabilidades en las que el gato está muerto o vivo, sin la dispensación de observarlo físicamente. El escenario es el siguiente: un gato está encerrado en una caja que contiene, además del animal, un átomo radiactivo, un contador Geiger y una ampolla de cianuro cuyo contenido cae en un cubo con ácido cada vez que el contador Geiger detecta la emisión de partículas radiactivas. Si se emite la partícula, el detector romperá la ampolla y el gato morirá. Si no se emite, la ampolla seguirá intacta y el gato vivirá.

Desde fuera de la caja, no podemos *ver* si un átomo de la sustancia ha decaído y consecuentemente, no se puede saber si el vial se ha roto, el ácido ha sido liberado y el gato ha muerto. Por lo tanto, la probabilidad de que el gato permanezca con vida es del 50%. Solo abriendo la caja sabríamos la verdad. Pero mientras tanto este estaría "vivo y muerto a la vez". Es una forma de expresar un concepto fundamental de la física cuántica: la dualidad onda-partícula, que hace, por ejemplo, que el electrón sea partícula y onda a la vez hasta que lo observamos. Según la ley cuántica, el gato está vivo y muerto en lo que se llama "superposición de estados".

Veo esto como otro ejemplo de una paradoja divina. Una realidad física reflejando una mayor y mas trascendental en el ámbito espiritual. Una oportunidad perfecta para poner una circunstancia física (aunque sea es especulativa) en frente del espejo espiritual.

En nuestras existencia física sobre esta tierra, somos como el felino imaginario de Schrödinger: estamos vivos y muertos a la vez.

En un universo el gato está muerto; como lo estamos nosotros cuando vivimos ciegos a Su realidad y optamos por vivir en una realidad distorsionada sin Dios. *(Efesios 2:01)* Pero que bueno que nos diferenciamos del gato y tenemos otra opción.

En el otro universo (en el ámbito espiritual de Dios) el gato está vivo. Cuando desistimos de nuestras propias nociones de la realidad, podemos vivir libremente en la unidad y gracia con Dios *(Efesios 2:4-5)*.

De acuerdo a la mecánica cuántica, la realidad sólo es real si existe la presencia de un "observador". Dios es nuestro observador divino. Dios es un Dios que *ve (Génesis 16:13)*. Y sus ojos están dirigidos hacia cada uno de nosotros todo el *tiempo*. Y *tiempo...* es otra de nuestras alucinaciones existenciales.

UNA AVENTURA EMOCIONANTE

....

Mi esposo y yo fuimos a Universal Studios hace unos meses. Hacía mucho tiempo que había estado allí, y estaba sorprendida por la manera en que la realidad se entrelaza de una forma tan sutil con la ficción. Hubo un momento donde tuve que pararme frente a un árbol y literalmente tocarlo para ver si era de verdad o mentira. Para mi mayor asombro, ¡parte de él era de verdad pero su flor era de plástico!

Luego, luego me di cuenta que los "rides' eran aun más realistas que los árboles. Antes de entrar en el de "Harry Potter y la Jornada Prohibida", tuve que darme a mí misma un chequeo de realidad y acordarme que todo lo que estaba a punto de experimentar no iba a ser real.

A pesar de lo que mis ojos estaban a punto de ver y mi cuerpo de sentir tales conmociones como el de ser lanzada por el aire... no era en realidad lo que estaba ocurriendo. Me había hecho el propósito de recordar que durante los cinco o seis minutos largos, las emociones que estaba a punto de experimentar (ya sea miedo, felicidad, etc...) iban a ser causadas por la evidencia ilusoria pero falsa como resultado de una tecnología extremadamente alta.

Pero incluso con esta pequeña preparación mental, se me hizo muy difícil convencer a mi mente y a mi cuerpo que nada de lo que estaba experimentando era real. Cuando el coche tomó camino, Harry Potter se apareció frente a mí en 3D, y la maquinaria empezó a temblar todo mi cuerpo. Los asientos empezaron a girar mientras se mantenían por encima de la pista por medio de un brazo robótico. La experiencia incluyó un vuelo alrededor del castillo de Hogwarts, un encuentro con el Sauce Boxeador, una horda de "dementores", y un partido de Quidditch. Este ride cae, gira alrededor, da vueltas y revueltas y en varias ocasiones juraba que me estaban tirando por el aire. Parecía tan real que me enfermé del estómago. Tuve que cerrar los ojos por un instante y repetirme una vez más que lo que estaba experimentando no era real; que había entrado voluntariamente a experimentar en carne propia de lo que la tecnología Robocoaster era capaz en un parque de atracciones; construido con la intención de entretenerme y separarme un poquito más de mi dinero.

Por fin tuve las agallas de abrir los ojos y juntarme como heroína con Harry y Ron a pelear juntos contra los enemigos. Cuando por fin se termino el paseo, bajé victoriosa y con una gran sonrisa en mi cara.

Dios aprovechó la oportunidad para compartir una hermosa visión. "Recuerda que la vida que te he dado, tiene el propósito innato de ser como esta aventura emocionante que acabas de experimentar" me dijo. "Está llena de peripecias y viajes maravillosos." "Pero nunca olvides quién está detrás de los controles mecánicos" Y ahora sé que es quien me ama incondicionalmente y para siempre. El es el que lo prende y lo apaga todo. A su tiempo perfecto.

El pensar que soy yo la que tengo el control, es causa de desmaño y es trampa sutil que termina en tristeza, temor y oscuridad. Lo que atraviesa por mi camino en forma de tribulaciones o problemas no son tan reales como la lección que hay que aprender y la ganancia máxima en el desarrollo de mi crecimiento espiritual. Dejar que mis problemas me acosen al punto de doblar rodilla del miedo, es como creer que las bolas de fuego en el *ride* de Harry Potter van a quemar mi pelo y mi ropa. ¡¡¡No es verdad!!!

Nada de lo que ves con tu ojos físicos o experimentas con tus sentidos es mas real de lo que DIOS es y es su dominio espiritual. No estamos aquí para sufrir sino para aprender. El propósito del dolor que a veces nos acosa no es necesariamente para nuestro sufrimiento sino para nuestro aprendizaje. Dios está siempre detrás de los controles.

No permitas que la alta tecnología de la ilusión óptica te robe de la paz que te pertenece cuando optas en creer en la unidad divina de Un Dios que te ama eternamente y cuida de cada paso que das. Disfruta la vida como El tuvo la intención desde un principio.

Sin embargo, todavía tenemos una elección. Podemos elegir de como **ver** esta electrizante aventura a la que nos gusta llamar *vida*. Podemos elegir pensar que lo tenemos todo bajo control nosotros mismos, o que no hay otra realidad atrás de lo que experimentamos.

Yo por mi parte he elegido creer que he sido puesta en el coche de la vida no para que experimente terror sino para que a través de todas las circunstancias que se me presenten yo elija las emociones con las que he de reaccionar teniendo en mente que al final del paseo, mi Padre Celestial estará esperándome con los brazos abiertos y yo estaré lista para dejarme abrazar por Él.

TUVE UN SUEÑO

Estaba en un pasillo lleno de espejos. Parecía la "casa de la risa" de una clase de feria. Cada espejo tenía una forma diferente. Corría de espejo en espejo deleitándome al ver como mi reflejo cambiaba de acuerdo a cada espejo. Veía mi imagen distorsionada tomando diferente formas según el espejo al que me paraba en frente. La revelación llegó de forma inmediata. Las ilusiones ópticas son muchas, pero la realidad es una sola. Sin embargo, soy yo la que tengo el poder de elegir frente a qué espejo me paro para ver mi reflexión.

Por el hecho de tener tantas elecciones en frente mío, corro el riesgo de mentirme a mí misma y decidir que soy quien no soy por temor de seguir buscando o por el simple hecho de que me he enamorado de la imagen falsa que he visto al frente. (Como esos espejos en algunas tiendas de vestir en los cuales te ves más alta y delgada para persuadirte a que compres lo que te has probado).

La única imagen que es fiel y verdadera es la imagen de Dios. Fuimos creados a Su imagen y semejanza! Hasta que no entendamos esta simple pero extremadamente complicada realidad, estamos destinados a correr de espejo en espejo buscando eternamente una identidad que nos sosiegue.

PERCEPCIÓN

No os conforméis a los patrones de este mundo, sino seáis transformados mediante la renovación de vuestra mente. Así serán capaces de probar y aprobar cuál es la voluntad de Dios agradable y perfecta (Romanos 12:02)

Se trata más de la *percepción* que de la *visión*. El objeto al que miramos no es el que cambia sino que es nuestra percepción del objeto lo que cambia de acuerdo a nuestra elección de como lo elegimos ver. Somos libres de mirar al mundo y todo en él, incluyendo las circunstancias, las alegrías y los problemas que contiene a través de diferentes lentes. Los "patrones de este mundo" son parte de nuestra realidad distorsionada. Pero cuando renovamos nuestra mente, podemos ver a través de los lentes de la realidad de Dios y por lo tanto ser totalmente transformados en nueva criaturas con poderes inimaginables ya que despertamos a la realización de que somos parte de Dios mismo.

Nuestra realidad es **real** sólo y cuando elegimos reflejar a Dios - la fuente del amor absoluto y eterno. He aquí otra paradoja divina! Este concepto es tan claro a los ojos espirituales y aún permanece oculto y problemático a la mente humana natural.

La motivación esencial de todo ser humano es el ser amado y aceptado por otros. Hemos caído en la mentira en nuestra sociedad del oeste, pensar que lo obtendremos a través de riquezas materiales o de cualquier otro poder que nos sitúa por encima de los demás.

Nos hemos olvidado de quiénes somos. Dios es un Dios de amor y servicio por lo tanto no podemos reflejar su imagen a menos que reconozcamos con humildad que no hay otra manera de alcanzar lo que nuestros corazones anhelan sino por medio del reconocimiento de nuestro reflejo en El. Dios aun se comunica con nosotros ahora como lo hizo a través de Jesús hace mas de dos mil años. Jesús capturó a su audiencia mediante la presentación de una visión clara del reino de Dios en términos e imágenes que ellos podían fácilmente relacionarse y entender. Ahora, usándome a mí, su humilde esclava, El ha permitido que su luz brille mucho más brillante en el contexto de mis incapacidades. Yo soy prueba de que no es necesario ser un gran individuo intelectual para perforar nuestra falsa realidad. Sólo se tiene que elegir a querer llegar al corazón mismo de Dios más que nada y a nadie en este mundo. Quererlo con toditito tu corazón. *(Proverbios 2:3-5)*. "Si llamas a la inteligencia y pides discernimiento; si la buscas como a la plata, como a un tesoro escondido, entonces comprenderás el temor del Señor y hallarás el conocimiento de Dios."

Nuestra realidad se mezcla con nuestras elecciones hasta el punto de que pueden reconciliarnos con Dios por toda la eternidad o separarnos de Él para siempre. Para intentar comprender los asuntos de Dios, tenemos que dejar que nuestra mente y nuestro espíritu fluyan al ritmo como el de Su respiración. Nuestras mentes intelectuales persisten en separar las cosas, en juzgarlas buenas o malas, en categorizar, etiquetar y compartimentarlas. Y no es que no debemos hacerlo pero de la única forma que va a funcionar es haciéndolo bajo la luz de Su Sabiduría y no la nuestra.

Jesús el Cristo dio entender a sus discípulos que su reino era un regalo que ya era de ellos. En el presente. Este momento. Ahora. *(Mateo 12:28; 13:18-23; 21:43)*, pero también mencionó que era una esperanza para el futuro *(Mateo 16:28; 20:20-23; 26:9)*. Así es que Él estaba contradiciendo a sí mismo? Cuando es entonces que podemos **ver** Su Reino? Es su reino ahora o en el futuro?

De la manera que yo lo veo es que, una vez mas, el tiempo no juega por las reglas en Su reino. Tal como las partículas en la física cuántica se manifiestan a una realidad física y visible solo cuando se observan, así también nosotros nos convertimos en verdaderos ciudadanos del reino real cuando permitimos ser observados por el observador celestial y Participante!

"Los discípulos se acercaron y le preguntaron: ¿Por qué le hablas a la gente en parábolas? A ustedes se les ha concedido conocer los secretos del reino de los cielos; pero a ellos no. Al que tiene, se le dará más, y tendrá en abundancia. Al que no tiene, hasta lo poco que tiene se le quitará. Por eso les hablo a ellos en parábolas: Aunque miran, no ven; aunque oyen, no escuchan ni entienden. En ellos se cumple la profecía de Isaías: "Por mucho que oigan, no entenderán; por mucho que vean, no percibirán." (Mateo 13:10-13)

Tenemos que tener en cuenta que la percepción visual de los asuntos espirituales pueden convertirse en paradojas divinas como ilusiones ópticas que oscurecen nuestra comprensión y lógica humana. Pero tu eres libre de abrir tus ojos espirituales y ver!

"¡Efatá!" (Marcos 07:34)

TRANSFORMANDO NUESTRA REALIDAD

Puesto que estamos espiritualmente ciegos, no es fácil para nosotros aceptar que el reino espiritual es más que una realidad abstracta que sobrepasa el ámbito físico que conocemos y experimentamos a través de nuestros sentidos. Pero de hecho, la realidad de Dios es mucho más real que la nuestra. Él es la única realidad. El que se hace llamar el YO SOY.

Cuando nos decidimos a operar bajo su luz sagrada, dejamos de ser ciegos. Nuestros ojos espirituales son abiertos, y finalmente logramos ver la relación entre Dios y cada uno de nosotros. Nuestro cerebro es entonces capaz de cambiar a un estado de mayor capacidad, de mayor entendimiento para ir más allá de nuestros cinco sentidos y empezamos a entender las realidades espirituales que yacen escondidas bajo, sobre, entre y a través de la realidad física.

¿Elegimos entonces nuestra propia realidad? ¿Elegimos mantener una ceguera voluntaria al cerrar nuestros ojos y nuestras almas a las verdades que contradicen con nuestras ecuaciones físicas? o van en contra de nuestras dogmas religiosas? ¿O tenemos las agallas de mirar más allá, a la verdadera realidad? Yo hice mi elección y opté por buscar la mirada directa de Dios y para mi misma sorpresa me vi reflejada en sus pupilas.

¡Esta es la realidad! ¡Está es la verdadera naturaleza de la vida, del universo, y de todo!

Estoy completamente consiente del hecho que hoy no pertenezco a ninguna religión y no se a este punto de mi vida si hay religión en el mundo que me acepte como soy sin tratar de hacerme cambiar o negar mi experiencia de este despertar.

Pero he hecho mi elección. Dios me ha tomado de la mano y me ha guiado a lugares donde nunca había pensado ir y aun donde nunca antes me atrevía a visitar por medio de perderme.

Corrí atrás de El como un niño corre atrás de su preciado globo que se ha escapado de sus manos y vuela por el aire. Lo busqué como a un tesoro escondido.

Da oído a la sabiduría,
Inclina tu corazón al entendimiento.
Porque si clamas a la inteligencia,
Alza[a] tu voz por entendimiento;

Si la buscas como a la plata,
Y la procuras como a tesoros escondidos,
Entonces entenderás el temor[b] del Señor
Y descubrirás el conocimiento de Dios.
Proverbios 2: 3-5

Opté por creer y aceptar aun otra paradoja divina: no soy nada mas que polvo pero con su toque, me ha convertido en esencia celestial.

Cuando abrimos la puerta a Su reino con la llave de la humildad, entramos CON LOS OJOS ABIERTOS a un dominio diferente en el que todas las reglas y las leyes se coligan en dos:

Amor y Servicio.

HUMILDAD:
LA LLAVE A SU REINO

¿Quieres ascender? Comienza entonces por descender. ¿Planeas una torre que
atravesará las nubes? Coloca entonces como base una fila de humildad.
San Agustín

Como ya lo hemos establecido antes, todos hemos nacido espiritualmente
ciegos. A mi forma de pensar es debido a la primera elección que tomaron hace
mucho tiempo Adán y Eva, (no estoy opuesta a la idea que sea un simbolismo) y
por esta razón no podemos procesar la luz divina.

Pero estamos de alguna manera sutilmente conscientes de la existencia de
otro reino más cierto, mas trascendental. A pesar de que no lo podamos ver,
nuestra conciencia puede llegar a intuir la existencia de este lugar, que de alguna
manera inexplicable intuimos por medio de estos estímulos espirituales que
afectan nuestras decisiones y comportamientos. *(Eclesiastés 3:11-12)*

A medida que crecemos en este entendimiento, se nos dice que hay
esperanza de una visión más clara. Nos damos cuenta de que hay una luz
mucho mayor que la utilizada en el mundo natural. Y se nos otorga una
opción. ¿Aceptamos que somos ciegos y necesitamos ayuda? O estamos lo
suficientemente cómodos y aceptamos las cosas tal como están?

Todos creemos en un Dios. En la estrechez del idioma limitado por
palabras y conceptos básicos, *no* se puede *no* creer en algo que no existe. Es mas,
pienso que aquellos que optan por llamarse así mismos "ateos" no son para mi,
gente que ha sido herida de una u otra forma por una o todas las religiones
existentes. Otra vez: no los culpo.

Es mas, me saco e sombrero en respeto por ellos. Quienes se atrevieron
a ir en contra la corriente sin miedo de ser rechazados y tienen las agallas de
mantenerse firmes en lo que creen.

Debemos dejar de engañarnos a nosotros mismos y dejar de pensar que
somos autónomos de nuestro propio destino final y que no existe ninguna
otra realidad más allá de la que nuestros sentidos fallan en percibir. Y, tal es
la traición del corazón, la sutileza del genio, y el engaño del pecado, que todo

conspira para adular y engañar a la pobre alma. Cada uno debemos escudriñar nuestra condición espiritual y tener la valentía para cambiar si es necesario.

Sin embargo, "guerra avisada no mata muertos": La humanidad ha creado sistemas sofisticados de navegación que nos mantienen falsamente seguros así como un ciego aprende a caminar en la oscuridad evadiendo obstáculos y podemos llegar a creer que los ojos no son ni necesarios ya que cada uno de nuestros movimientos están siendo dictados por una fuerza exterior establecida.

Pero entonces nos encontramos con un gran bache en el camino o tal vez alguien que conocemos ha caído por el precipicio. Es entonces cuando comenzamos a pensar que tal vez hay algo más allá de lo que el ojo ve.

La humildad es una característica que se exhibe en forma individual y única. Es decir que solo puede ser experimentada y aprendida de una forma subjetiva. Dios nos hizo individuos, y Él nos ve como personas únicas a cada uno de nosotros.

Al igual que un oculista nos va probando uno a uno los lentes necesarios para agudizar nuestra visión física ya que mi vista esta relacionada a mi individualidad; la visión espiritual requiere humildad personal frente a un Dios personal y a la vez un Dios Universal y Cósmico.

Con los únicos que nos debemos comparar es con nosotros mismos antes de ser tocados por la sabiduría. El Espíritu de Dios me ha mostrado que la humildad es la virtud esencial para llegar a El. Sin embargo es una virtud que no se expone ante los demás, es una virtud que se lleva tan adentro que es parte de uno mismo. El momento que dejamos de tratar de ser humildes - finalmente lo somos - mientras lo hayamos tratado de ser por mucho tiempo.

EL HOMBRE NATURAL

....

Pero el hombre natural no acepta las cosas del Espíritu de Dios, porque para él son necedad; y no las puede entender, porque se disciernen espiritualmente. En cambio, el que es espiritual juzga todas las cosas; pero él no es juzgado por nadie. Porque ¿quien ha conocido la mente del Señor, para que le instruya? Mas nosotros tenemos la mente de Cristo. (I Corintios 2: 14-16)

El hombre natural es aquel que se basa en los conocimientos adquiridos por sus propios medios y se siente satisfecho aceptando las opiniones recolectadas de los demás, considerándolas aceptables y dignas de apropiación. Él confía en su propia capacidad para manejar todos los asuntos de la vida. Su principio y su final son bastante cortos. Un día nace y otro día muere. Cuando se enfrenta a problemas, él no tiene a donde ir, más que a su pequeño espectro de recurso humanos. El requiere que todas las preguntas sean respondidas de una forma lógica, estructurada, sensible, y de una forma científica. Su orgullo es por lo general su propio intelecto. Compulsivamente tiende a compararse a sus pares en búsqueda de auto-valor y auto-estima. Se encuentra limitado por su propia comprensión restringida de sí mismo, fortalecido por las falsas riquezas de su propio orgullo, cegado por la hinchada visión de su propia imagen. Es aquel que aprendió a ver el vaso medio vacío como algo negativo. Para mi nueva forma de ver, el vacío es lo emocionante! El vacío implica la infinidad de posibilidades y me llena de éxtasis y emoción al solo imaginarme con que llenarlo!

En otras palabras, él hombre "natural" somos todos y cada uno de nosotros antes de llegar a la conciencia de nuestra ceguera espiritual. Él es nosotros antes de que nos demos cuenta de que no nos pertenecemos.(*I Corintios 6:19*) Él es nosotros cuando nos dejamos extraviar por el orgullo humano.

EL TRAJE DEL EMPERADOR

....

… "Revístanse todos de humildad en su trato mutuo, porque Dios se opone a los orgullosos, pero da gracia a los humildes". (1 Pedro 5:5)

Le ha dado mucho trabajo al Espíritu enseñarme acerca de la humildad divina ya por muchos años. Todavía no lo he comprendido por completo, lo admito, pero lo tengo aprendido lo suficiente como para saber que es el ingrediente principal para ver con los ojos abiertos.

Un día El Espíritu me despertó y me dijo: "Te he vestido con humildad cuando te encontré desnuda con orgullo."

Esto me hizo recordar el cuento de hadas "El traje nuevo del Emperador". Por si acaso se lo perdieron en su infancia, esta es una historia que habla de cómo un rey muy orgulloso y necio fue engañado por dos sastres traviesos quienes le prometieron un traje de una tela extremadamente fina con una propiedad muy especial: que no podía ser visto por aquellos que no eran dignos de un alto rango. Como se imaginarán, el rey por supuesto no veía nada cuando se miraba en el espejo, más que cómo Dios lo trajo al mundo. Pero su orgullo le obligaba a fingir que podía verse vestido de un textil estupendo y decide salir de su castillo en el traje invisible frente a una procesión entre sus súbditos.

Por supuesto, sus súbditos también habían oído hablar de esta tela mágica y su propio orgullo les obligaba a seguir el juego fingiendo al igual que el rey a estar impresionados por la finura y extravagancia de la vestimenta.

Fue solo un niño, demasiado inocente y joven como para entender las razones orgullosas para tal engaño colectivo - el que habló y señaló que el rey jactancioso, de hecho andaba por la calle desnudo.

Sé con certeza de que hay millones de personas vestidas en su orgullo invisible andando jactanciosos por el mundo. El "hombre natural" es uno de ellos. Son aquellos que niegan a tomar conciencia de que a causa de su misma soberbia no pueden ver la desnudez de su jactancia. Cuando nos vestimos de humildad divina, no podemos ver nada más en el espejo que nuestras propias faltas siendo calcinadas por el Espíritu abrumador de Dios.

En mi cultura latina, esto es de todos los días. He aprendido a tener compasión por aquellos que andan vestido de lujo con sus almas desnudas y frías.

Yo misma he estado tan equivocada sobre la humildad... pensé que significaba caminar por ahí con la cabeza hacia abajo, sintiéndome pequeña e indigna. Entendí entonces que el orgullo no es tanto pensar demasiado alto de mí misma como es la humildad de no pensar tanto en mí misma. Él me mostró que la humildad era más como caminar con las manos arriba en señal de rendimiento y con mis ojos clavado solo en Él. No sintiendo que soy indigna pero sabiéndolo igual.

El humillarse ante Él, sólo significa enamorarse locamente de Él. Amarlo más que a tu propia vida y renunciar a todo por Él. Intercambiar tu valor por el Suyo. Renunciar a tus sueños y pensamientos y considerar todo y a todos de menor importancia que Él. Estar dispuesta a perder la cabeza a cambio de Su amor. Amar a Dios, es amarte a ti mismo y a los demás reconociendo que tienes los ojos en la cabeza de tal forma que la única forma de reconoceré es la reflexión de tu imagen en las pupilas de tu prójimo.

El alcanzar la clase de humildad divina toma tiempo y esfuerzo tratando de deshacerse de las dogmas impuestas por la cultura y/o la religión. En inglés, el verbo 'enamorarse' es "to fall in love". Literalmente traducido a "caer en el amor".

Incidentalmente, si buscamos el verbo "caer" en el diccionario, encontraremos una similitud asombrosa a la palabra "humildad": desprenderse, despojarse, descender, besar el suelo, sucumbir etc. Así es que déjate "caer" humildemente en el amor de Dios. Él es fiel y te atrapará suavemente antes de que toques suelo y te alzará suavemente a su regazo.

Cuando su Espíritu comenzó a revelárseme con tanta fuerza en mi vida, decidí que debía actuar humildemente y no debía andar por allí diciendo a todo el mundo que Dios me estaba hablando. Luego me di cuenta de que lo que yo tenía era mucho miedo de lo que la gente pensara de mí. Iban a pensar que estaba loca y que a lo mejor no era Bíblico. No estaba siendo humilde. Yo tenía miedo de ser analizada, rechazada y de que se rieran de mí.

En cuanto a ustedes, la unción que recibieron de El permanece en ustedes,
y no tienen necesidad de que nadie les enseñe. Pero así como Su unción
les enseña acerca de todas las cosas, y es verdadera y no mentira, y así
como les ha enseñado, ustedes permanecen en El. (1 Juan 2:27).

La aceptación de los demás se había vuelto más importante que mi obediencia y sumisión a Dios. Aprendí entonces que la única manera de evitar esta falsa humildad es la obediencia absoluta y la búsqueda de Su voluntad como si fuera un tesoro escondido. Otra paradoja divina ordena que la piedad sólo puede ser entendida por la simpleza y humildad del corazón *(1 Corintios 2:9-16).* "La soberbia del hombre le abate; pero al humilde de espíritu sustenta la honra" *(Proverbios 29:23).*

Esto es algo que es difícil para la mente humana comprender. La Humildad es como el aroma que escapa de la flor al ser aplastada. Es otra hermosa paradoja divina el ganar honor con la humildad.

La visión que me gusta poner en mi mente para darle forma a esta clase de humildad, es imaginarme caminando con los ojos cerrados en total sumisión confiando que El me guiará, pero con los brazos abiertos lista para volar!

TUVE UN SUEÑO

Vi cómo mucha gente caía a un abismo negro. Estaban siendo arrasados por una fuerza gravitacional abrumadora la cual el Espíritu de Dios me mostró que era el ego.

Toda esa gente está cayendo, luchando, contra esta cisterna del pecado; atrapados en un torbellino de oscuridad, mentiras y espejismos. No importa lo mucho que luchen, no importa lo duro que se resistan a esta atracción gravitatoria, inevitablemente se derrocan hacia el remolino siniestro antes de desaparecer para siempre por debajo de este agujero negro aterrador.

De repente, escuché un chasquido fuerte. Era mas bien un sonido agradable. Un sonido de liberación como grilletes de hierro al romperse y caer al suelo.

Tuve el entendimiento inmediato que algunas personas habían tomado la elección correcta de abrir sus ojos y despertar al reconocimiento divino dejando de luchar con la oscuridad y rompiendo con la hipnosis del miedo. Los vi entonces caer en total sumisión en las manos de Dios. Él les arrebató de este tremendo tirón, rompiendo para siempre los lazos de esta triste alucinación.

Cuando la noción del pecado entró al mundo, un agujero negro espiritual fue formado como un vórtice de negatividad y falsas alucinaciones; siendo la humanidad arrastrada hacia él.

El amor divino, junto con nuestro poder de elegir, son la fuerza necesaria para resistir y clamar a quien nos libera.

CONVERSACIONES CON DIOS

Gracias a la humildad que Dios me mostró pude ver poco a poco que nada era mas importante que mi relación con El. Nunca se trato de religión sino mas bien de relación. Debo admitir que no ha sido fácil y aun lucho contra mi ego pero El Espíritu de Dios ha dado cada paso conmigo y nunca me ha dejado sola.

Parte de la jornada fue el deshacerme de esa idea errónea de que todo me pertenecía - incluyendo mi propia vida.

Las conversaciones que tuve con Dios se dieron algo así:

El Espíritu de Dios: Grace, ¿Qué pasaría si perdieses todas tus posesiones este instante? ¿Todavía confiarías en mí?

Yo: Sí Señor, aun tendrías todo mi amor porque yo sé que Tu proporcionarás. Me despojo de toda riqueza material por Ti.

El Espíritu de Dios: ¿Qué pasaría si perdieses a tu familia, tus amigos, tu esposo? ¿Seguirás adorándome?

Yo: Bueno Padre, eso sería definitivamente mucho más difícil, pero aun confiaría en Ti, Señor, y los entregaría todos de vuelta a Tus manos.

El Espíritu de Dios: ¿Y tus hijos? ¿Los sacrificarías a ellos para mi gloria?

Yo: ¡Oh no, Señor! Por favor, no lo hagas. No puedo soportar la idea de perder a mis hijos. ¡No puedo hacer eso! Lo siento mi Dios pero ese sería un dolor muy grande para que mi corazón resista.

Una y otra vez por el periodo de tres años vino a mi mente este pensamiento y a pesar de que fui capaz de despojarme de todo lo demás que Dios me había pedido; el solo pensar en perder a mis hijos era demasiado para mí. Hasta que un día que recuerdo estaba manejando; su voz en mi mente me volvió a hacer la pregunta: ¿Estás lista para entregármelo todo? ¿Incluyendo a tus hijos?

Tuve que parar el carro y abrazada del volante con mis ojos llenos de lágrimas por fin le dije con el corazón en la boca: "Sí Señor, te los devuelvo". "Me desapego de todo, y de todos" "Vuelvo desnuda y sin posesiones hacia Ti. Tal como me creaste regreso hacia Ti Padre Creador"

Sentía que me desgarraban del pecho con solo pensar y llegar a la conclusión que no tenía ya control sobre la vida de mis hijos, ni idea de la suerte que Dios guardaba para ellos. Pero tuve que humillarme aferrándome a la creencia de que Dios es Dios, y que él era un mejor guardián de su futuro o el mío más que yo.

Ese día renuncie a ser una "pequeña diosa" de todo y de nada. Ese día Él me creció mucho, mucho más pequeña!

Y como suele pasar muy a menudo, apenas me estaba sintiendo orgullosa de mi misma y mis avances espirituales, vino una vez mas y me dijo;

El Espíritu de Dios: Estas dispuesta a perder hasta tu religión?
Yo:????

El Espíritu de Dios: Quiero que te atrevas a caminar por senderos que nunca antes has caminado por mi causa. Quiero que penetres la oscuridad sin temor. Te aviso de antemano... lo puedes perder todo. Pero lo ganaras todo a la misma vez y en abundancia...
Yo:?????????

Pero por fin tiré las manos hacia arriba y dije: "Heme aquí Señor; Soy TUYA"

El aprender a perder el miedo ha sido una larga trayectoria. Me di cuenta que mis creencias básicas eran basadas en el miedo. Dios me puso en un camino totalmente extraño y desconocido pero me sigue asegurando que El no me ha abandonado.

Y guiaré a los ciegos por camino que no sabían, les haré andar por sendas que no habían conocido; delante de ellos cambiaré las tinieblas en luz, y lo escabroso en llanura. Estas cosas les haré, y no los desampararé. Isaías 42:16

LA TEORIA DE CUERDAS

Es extremadamente difícil renunciar a lo que percibimos como nuestro derecho de control.

El Espíritu de Dios me hizo recordar otro cuento de mi infancia. Uno de mis favoritos. Pinocho.

Papá Geppetto había tallado a Pinocho del tronco de un árbol. No había ningún valor en la madera en sí, sino más bien en la pasión que puso el maestro en su trabajo. Él forjó con sus manos a ese pedazo de madera y le dio su imagen. Cuando Papá Geppetto le dio vida a Pinocho, también le dio la libertad de salir de su casa en busca de educación y crecimiento personal. Pero Pinocho no estaba particularmente interesado en lo que él podría hacer de sí mismo. Todo lo que podía pensar era en lo que no quería ser. No quería ser "obra" de nadie. No quería ser una marioneta de madera, resintiendo el hecho de que no era un niño de verdad sino una creación de alguien más.

Él quería fingir que tenía todo el derecho y libertad como los otros niños de carne y hueso.

Así, lleno de orgullo y rencor por no sentirse autónomo, salió en busca de aventura en lugar de educación y pronto fue capturado por alguien quien hizo una marioneta de él. Corrió de frente para chocarse justo con la suerte exacta que estaba tratando de evitar. Este mal hombre le puso cuerdas y lo obligó a actuar como un títere en su circo.

Papá Geppetto al darse cuenta que Pinocho no regresaba a casa, salió corriendo a la búsqueda de su niño de madera. *(Lucas 15: 11-32)* Fue entonces capturado en una tormenta siendo tragado por una ballena gigante, donde permaneció tres días. *(I Corintios 15:4)*

Interesante, ¿verdad? ¿Pueden ver las similitudes? Quizás el escritor de esta historia tenía una agenda oculta. Cuando lo investigué, me hizo gracia por el hecho de que Pinocho significa "***ojo*** de la madera."

Pero Geppetto finalmente se reunió con su creación. Y una vez que Pinocho se arrepintió de su desobediencia y lleno de remordimiento y humildad, se dio cuenta de que el amor de su padre era más importante que su propia autonomía. En ese exacto momento de realización, Pinocho se convirtió en un niño de "verdad" y entró a ser parte del ámbito de su creador y padre.

Me gusta pensar en Dios como el Papa Geppetto y cada uno de nosotros un Pinocho.

Yo vengo de la tierra. Yo no tendría ningún valor si no fuera por el amor del Padre que eligió diseñarme y crearme a Su imagen. Elijo vivir en su casa y humildemente le ofrezco todas mis cuerdas!

Toma todas mis cuerdas Señor.
Toma mis sueños y mis miedos.
Toma mi sonrisa y mis lágrimas.
Cada piola de mi ser
Te las ofrezco de vuelta a ti,
A quien ahora con ojos abiertos puedo ver
Tómalas todas Padre.

Toma mi corazón y mi mente.
Toma mis manos y mis ojos.
Sé que lo harás siempre con amor y por amor.
Con cada célula de mi ser,
Te entrego libremente mi futuro y mi pasado
Como hilos en tus santas manos,
Mis pequeños pies sobre los tuyos
Y juntos empecemos a bailar!

He renunciado libremente a todo y me he despegado de lo que me restringe de tener una relación más íntima y estrecha con Dios. "En cuanto a mí, veré tu rostro en justicia; Estaré satisfecho cuando despierte a tu semejanza." *(Salmos 17:15)*

Él es ahora mi todo. Él está en mi vida y lo veré en mi muerte. Soy esclava voluntaria de su voluntad. El Maestro del universo me conoce por mi nombre. Él es el Dios de todos, y Él te está llamando a ti por tu nombre también.

Seríamos necios si es que insistimos en no ver que nuestra visión ha sido nublada por la alucinación que acongoja a este mundo y nos da a pensar que estamos solos contra un destino oscuro y sin salida. Esta nueva clase de humildad se despierta al reconocer la dulce dependencia en un Dios que es Amor. Con los ojos abiertos nos vemos en un danza cósmica con el Creador.

Y ya nada más importa.

SUS OJOS

Lo único peor que ser ciego es tener vista, pero no visión.
- Helen Keller

MÍRAME

"MÍRAME" fue la última palabra en mi diario el día 21/10/09. Esta palabra la había escrito toda en mayúsculas al final de la página, justo en el centro de la línea.

Le estaba pidiendo a Dios una vez más que no me abandonara ni se diera por vencido conmigo.

No lo entiendo todo muy bien, pero tengo la sensación de que algo va a pasar
en mi vida. Un cambio radical. Hay algo listo por
suceder. No sé por qué, pero mi vida está tomando un
giro. Una curva cerrada, un tramo, algo ...
Tengo la sensación de que Dios está tratando de purificarme. Y aún así, estoy
tan confundida. Mis pensamientos se mueven al azar
en mi cabeza. No me puedo concentrar, no me puedo enfocar, no tengo
dirección. Demasiados pensamientos al mismo
tiempo, y luego nada. Tranquilidad. Un vacío. Sólo ruego a Dios que
no haya perdido alguna oportunidad, de ver la luz o que
haya perdido el paso.
Dios, por favor no me dejes sola. Yo no soy
capaz. Álzame en tus brazos. Yo quiero hacer tu voluntad por encima de
todas las cosas, pero muéstramelo Señor.
Renuncio a todas mis opciones. Te lo entrego todo. No tengo
mucho que ofrecer pero éste recipiente vacío. Quisiera
hacer tantas cosas y todavía no llego ni a la superficie
del talento o la habilidad necesaria.
Dios me va a llevar a través de un proceso de purificación
y está deshaciéndose de mi basura. Ilumina con tu
luz entre las grietas oscuras de mi alma y haz limpieza de casa.

Soy muy lenta, Señor. No permitas que falle en tu voluntad.
Quiero oír tu voz aún más claramente que nunca.
No me desviaré. Mira mi corazón.
MÍRAME.

En mi mente, he empezado este libro tantas veces durante tanto tiempo, pero siempre ha terminado quedándose allí, en mi cabeza. He discutido con el Espíritu de Dios durante años. El día en el que escribí esa entradas en mi diario, no había sido la primera vez en la que le rogaba a Dios que tuviera paciencia conmigo y no me dejara perder la oportunidad por el miedo que tenia de todas mis debilidades e insuficiencias.

Al día siguiente, el jueves, 22 de octubre de 2009 a las 11:08 am, mi cuñada Joni me envió este e- mail:

Grace,

Por alguna razón, has estado en mi mente estos dos últimos días. Sólo quiero que sepas que estoy orando por ti y te quiero mucho!!!

Dios me ha dicho en oración que te diga que Él lo tiene todo bajo control y que El te está "mirando"? No estoy segura de lo que esto quiere decir, pero seguro que Él sí, ¿¿¿ y tal vez tú también???

Te quiero.

Tu hermana,

Joni

Los pelos de la nuca se me pararon al leer este e-mail. No podía creer lo que estaba leyendo y por un instante tuve temor que Dios mismo estuviera detrás mío mirándome. Pero no podía mover un dedo. Estaba inmovilizada. ¿No es eso lo que nos pasa a menudo? Todos los días, oramos para que Dios nos muestre milagros y nos decimos a nosotros mismos y a los demás que creemos en su fidelidad de responder a nuestras oraciones. Pero si lo experimentamos dentro de nuestra propia "realidad" - cuando Él decide manifestarse ahí, delante de nosotros, en la pantalla de nuestras *laptops* - ¡nos congelamos! Lo que quiero decir es que nos cuesta pensar que Dios pueda ser "tan real" como para comunicarse con nosotros por medio de un e-mail... O podemos calificarlos como una simple coincidencia para calmar nuestros nervios... Yo por mi parte he decidido que no existen las coincidencias pero he sido testigo de muchas "Dioscidencias".

Justo después de este correo electrónico, muchas cosas empezaron a suceder en mi vida. Una explosión de estas Dioscidencias empezaron a aparecer en mi vida diaria, y tuve que aceptar que no estaba sola. Empecé entonces una jornada en la que El Espíritu de Dios tomó riendas de mi vida y empezó a guiar prácticamente cada paso que tomaba - indicándome a dónde ir, a quién conocer, qué libro leer y de tal. Como que me tomó en serio cuando le dije que tome todas mis cuerdas... Lo hizo. Siempre había creído que Dios me hablaba y lo había hecho desde que tenía cinco años, pero ahora era como que lo escuchaba con cierta música del alma. Escuché su melodía, y aprendí a bailar a su ritmo. Sentía que esa música me envolvía por completo y me transportaba a su verdadera realidad.

EL DIOS QUE ME VE - EL ROY

"Y Agar llamó el nombre del Señor que le había hablado: Tú eres un Dios que ve; porque dijo: ¿Estoy todavía con vida después de verle?... He visto ahora el que me ve" (Génesis 16:13)

"El Dios de mi visión." Ese es el nombre que Agar le dio a Jehová cuando ella lo encontró en el desierto después de ser rechazada por Sarai y Abram. **Ver** a Dios y vivir era contrario a la expectativa de esa era. A quien ella vio, la había estado mirando desde un principio a través de todo su dolor y sus pruebas.

¿No les da aliento y tranquilidad saber que Dios nos está mirando como un Padre mira a sus niños con el ojo de amor que nada malo nos vaya a pasar mientras "jugamos" por la vida?

Si han tenido la bendición de haber criado hijos, recordarán que una de sus frases favoritas es a menudo: "Mira, mami, mira!" "Mira, papi, mira lo que puedo hacer!" Hacemos lo mismo con nuestro Señor Dios. Ansiamos su atención, anhelamos tener sus ojos sobre nosotros. Su mirada de amor, llena de gracia y misericordia, nos ayuda reconocer Su omnipresencia y omnisciencia. Él es verdaderamente el Dios que ve todas las cosas. Él ve nuestros corazones. No nos podemos ocultar de él. No se trata de nosotros, sino de lo que su poder puede hacer a través de nosotros.*(1 Corintios 2:1-5)*. Y este era uno de sus propósitos. Dios quería que llegue a la realización de que El lo ve todo incluyendo a mi y quería que ponga mi mirada en la suya.*(Salmo 33:18; Salmo 34:15; Proverbios15:03)*.

CONCIENCIA

¿Cómo entonces podemos llegar a ser conscientes? ¿Cómo podemos aprender a ver los ojos de Dios velando por nosotros? De la manera que yo lo veo, es que como nacemos ciegos espiritualmente, es imposible llegar a ser totalmente conscientes sin una intervención divina. Los ojos divinos de Dios nunca se alejan de Su creación. Él es un factor permanente, constante, una conciencia omnipresente de amor absoluto que se cierne sobre nosotros libremente, que nos da la capacidad de percibir y tomar conciencia de nuestra propia existencia.

El mismo hecho de que nadie ha sido capaz de precisar la definición exacta de "conciencia" me da a pensar que debe ser de una orden divina.

Todos los seres humanos experimentan esta conciencia a diferentes niveles de realización. Existen millones de personas que viven la vida como viene, sin nunca tomar reflexión de su significado. Se acostumbran a ver el mundo a su alrededor solamente con los ojos físicos y viven en un pequeño mundo donde las reglas se les ha dictado y las obedecen todas sin llegar a ser conscientes de la mirada permanente y beatifica de Dios. Manteniendo opiniones de otros como propias porque no se han tomado el tiempo de preguntarse que es lo que ellos mismo quieren.

Existe una visión que libera nuestro espíritu a un estado superior de conciencia y discernimiento.

Bienaventurados los de limpio corazón, porque ellos verán a Dios. (Mateo 05:08)

Sin embargo, nuestro mundo anhela conciencia. Es mas, hay tantos grupos dedicados a crear conciencia de las situaciones que de otra manera pasarían por desapercibidos: grupos sobre la conciencia del cáncer, sobre la conciencia del autismo, sobre la protección de animales … la lista sigue y sigue. Pero nunca he visto un maratón 5k con un brazalete de plástico, o una camiseta tratando de correr la voz acerca de la conciencia espiritual.

Necesitamos hacerlo desesperadamente. Se desarrolla otra paradoja divina: Tan pronto como la palabra "Dios" sale a la conversación, nos deslizamos inmediatamente fuera o atacamos de frente con ideas auto-impuestas y preconcebidas basadas en ciertos dogmas de nuestra posición política o religiosa.

Pero puesto que Él es la fuente de la conciencia - siendo conciencia absoluta en sí mismo, no podemos obtener conciencia a no ser que nos acercamos a la fuente. Por lo tanto, no podemos experimentar Conciencia Absoluta - a menos que elijamos centrarnos y enfocar toda nuestra atención hacia El.

El principio de la sabiduría es el temor del Señor (Salmos111:10)

El conocer a Dios no se nos ha sido negado, solo escondido.

VIVIENDO CON LA FILOSOFIA DEL "AUNQUE"

Cuando nos damos cuenta que su presencia trasciende nuestro propio entendimiento - aprendemos a vivir con la filosofía del "aunque".

Vivir por el "aunque" es confiar en Dios completamente de tal forma que ya nos hemos hecho la idea en nuestras mentes que pase lo que pase vamos a aceptar el resultado final de todas las circunstancias en las que nos podamos encontrar - con la certeza que Dios lo tiene todo bajo control. Esta decisión es tomada mucho antes de la manifestación del resultado final.

Vivir bajo la filosofía del "aunque" es ganar la batalla en la mente antes de entrar a la refriega. Se trata de tomar una decisión eterna de creer y confiar en Dios bajo cualquier circunstancia que se nos pueda presentar. Se trata de hacer caso omiso de los resultados porque tenemos la confianza absoluta que Dios nunca pierde el control.

El "Aunque" es como sacarnos los ojos físicos y ofrecérselos a El a cambio de una visión espiritual. Es estar dispuesto a perder la cabeza, a cambio de obtener su mente *(1 Corintios 02:16).*

Es como construir la zanja antes de la batalla, construir el albergue antes de la tormenta, el saber con seguridad que tienes suficiente capital en el y confiar en que nunca irás a la quiebra.

Es despojarnos de los resultados y por lo tanto bloquear al miedo.

Vivir por el "aunque" es contar el costo de antemano y estar dispuestos a pagar por ello en su totalidad. Se trata de aprender a caminar en la oscuridad con total garantía de que la voz que escuchas, te guiará a través de tormentas y abismos.

Vivir de acuerdo al "aunque" significa dejar a un lado el miedo y aprender a vivir por medio de lo que tu alma ve y no tus ojos. Es aprender a vivir en un estado de incertidumbre pero en paz.

Hay innumerables ejemplos bíblicos en que los personajes aprendieron a vivir bajo esta ley del "aunque": Moisés (Éxodo 4:1-24), Abraham (Génesis 22:11-19), Daniel (Daniel 3:16-18), Job (Job 13:15), Pablo (Hechos 20:24, Romanos 8:28, 37, 1 Corintios 15:58), y Pedro (Mateo 26:35) son solo algunos de ellos.

Es decir: "AUNQUE pase lo que pase, se venga lo que se venga, cualquiera que sea la circunstancia, HOY opto por confiar en Dios!!" Es el vivir en un estado permanente de VICTORIA inmovible y PAZ eterna despegados del resultado final.

TUVE UN SUEÑO

Estaba parada de frente y me di cuenta que no podía ver. Estaba totalmente ciega. Al momento en que me di cuenta que mis ojos eran obsoletos, me pregunté que debería hacer. Por un momento me sentí impotente y el temor me agobiaba.

El solo pensar en que iba a tener que vivir como ciega el resto de mi vida, me asustaba. Pero el Espíritu de Dios consoló mi ansiedad y decidí entonces sacarme los ojos de las órbitas y ofrecérselos al frente de sus pies. En ese mismo instante, la luz divina penetró por mis cuencos vacíos llenando mi cuerpo entero de su luz divina.

Pude por primera vez ver lo que antes mis ojos me negaban.

LA VISION DEL CORAZON

Es necesario entender más allá de las capacidades de nuestro cerebro con el fin de tomar conciencia y ver su mirada benévola. Tenemos que abrir los ojos de nuestro corazón.

"Pido también que les sean iluminados los ojos del corazón para que sepan a qué esperanza él los ha llamado, cuál es la riqueza de su gloriosa herencia entre los santos," *(Efesios 1:18)*.

Hay muchos ejemplos en el Nuevo Testamento donde Jesús cura física y espiritualmente a ciegos. Igual en el Antiguo Testamento podemos ver que Dios abrió los ojos de un criado con el fin de disipar sus temores y asegurarle que Él lo tenia todo bajo control.

El rey envió allá un destacamento grande, con caballos y carros de combate. Llegaron de noche y cercaron la ciudad. Por la mañana, cuando el criado del hombre de Dios se levantó para salir, vio que un ejército con caballos y carros de combate rodeaba la ciudad. —¡Ay, mi señor! —exclamó el criado—. ¿Qué vamos a hacer? —No tengas miedo —respondió Eliseo—. Los que están con nosotros son más que ellos. Entonces Eliseo oró: «Señor, ábrele a Guiezi los ojos para que vea.» El Señor así lo hizo, y el criado vio que la colina estaba llena de caballos y de carros de fuego alrededor de Eliseo. (2 Reyes 6:14-17)

¿Ven ustedes? Cuando el Señor abrió los ojos espirituales del siervo, él pudo ver la evidencia de la presencia de Dios; un ejército divino que representa el amor y la protección a disposición de aquellos que están en relación con Dios. Su vista natural sólo le mostró el número de los enemigos desplegados contra ellos. Pero la visión de su corazón le mostró una realidad más verdadera.

Nuestros ojos no son conductores fiables de una información veraz y tampoco nuestros cerebros están diseñados para capturar el conocimiento de Dios. Es con nuestros ojos espirituales que podemos ver la realidad de Dios. Solo nuestro espíritu es capaz de conectarse con el Espíritu de Dios. Con los ojos abiertos entonces podemos ver el ámbito divino donde somos conquistadores, victoriosos y sin miedo.

MIS OJOS VEN

La gloria de Dios no ha desaparecido con las carrozas de fuego de Eliseo o incluso con el ministerio de sanidad de Jesús en el Nuevo Testamento.

Los milagros todavía ocurren en el mundo moderno. Dios me ha mostrado que Él puede curar la ceguera espiritual tanto como la física.

He usado lentes para ver desde que tenía dieciséis años, y mi vista sólo se había ido deteriorando desde entonces. Lamentablemente, la visión es algo que rara vez se mejora con la edad.

No hace tanto tiempo, estaba usando una clase de lentes de contacto específicos que tenían la dificultosa tarea de ayudar a uno de mis ojos a ver de lejos y el otro de cerca. Pero estos no eran suficientes y me veía en la necesidad de usar lentes de lectura. Tenia incontables pares de aquellos por toda mi casa ya que quería tenerlos a la mano cada vez que los necesitara—que fue siempre.

Y de alguna manera, a pesar de tomar estas medidas, muchas veces "desaparecían" cuando más los necesitaba. Hace unos años, fui a ver a mi médico de los ojos en una visita de rutina y luego de examinarme me anunció que debía usar estos lentes de contacto especializados pero no los tendría listos para mi viaje que había planeado en un par de semanas fuera del país.

Mi médico, un hombre muy amable e inteligente, me persuadió a probar estos nuevos lentes de contacto de color que serían los suficientemente competentes hasta que regresara de mi viaje. Salí de su oficina muy feliz con mis nuevos ojos café claro.

Regresé tres semanas más tarde y le dije que de algún modo esos días había sido capaz de ver mejor que nunca. Me advirtió que mis ojos estaban obligados a sentirse cansados tarde o temprano, e iba a necesitar la prescripción más fuerte. Le dije que no era necesario y opté por creer que Dios había hecho un milagro en mis ojos y había sanado mi visión. ¡Y Él ciertamente lo había hecho!

Volví unos meses más tarde a la oficina de mi oculista para pedirle ayuda con mi libro, ya que necesitaba información sobre las propiedades del ojo humano.

He aquí la conversación de aquel día que quedó grabada en mi teléfono:

Luego de que me había explicado las funciones físicas del ojo, estaba a punto de terminar la encuesta:

Dr.: Así que estos son los fundamentos de la optometría …
Yo: Gracias. ¿No es interesante lo que Dios hizo con mis ojos físicos?
Dr.: Mm hmm …
Yo: Quiero decir, ¿se acuerda cuando lo conocí?
Dr.: Mm hmm …
Yo: Tenía esos lentes de contacto especiales pero además tenía que tener mi gafas de lectura.
Dr.: Mm hmm …
Yo: Y aun así no podía ver bien ni de cerca ni de lejos y pensé que estaba condenada a nunca más volver a ver claramente y ya me estaba acostumbrando a la idea.
Dr.: Mm hmm …
Yo: Así que compré lentes de lectura y los puse alrededor de mi casa. Pero ahora, El Espíritu de Dios me despierta en medio de la noche y yo sé que debo escribir inmediatamente lo que me ha mostrado ya sea en sueños o visiones y no tengo tiempo para buscar los lentes, ¡¡¡pero ahora ya no los necesito!!!
Dr.: Mm hmm …
Yo: Ya no tengo necesidad ni de esos lentes de contacto ni de los lentes de lectura!
Dr.: Mm hmm … Creo que puedo explicar por qué es que ahora ve como ve….
Yo: ¿Puede?

Entonces el Doctor pone sus ojos sobre su computadora y empieza a teclear mi nombre buscando mi información de paciente. Sin quitar sus ojos de la pantalla, continúa hablando;

.

Dr.: Bueno, hasta ahora nada de esto se aplica a usted… Creo que usted está usando esos lentes de contacto que son solo para ver de lejos, ¿cierto?
Yo: No tengo ni idea. Sólo sé que me gustan.
Dr.: Déjeme ver algo más aquí …

Luego de unos segundos de silencio. El único sonido que se escucha en esos momentos es el débil sonido del teclado apresurado y un poco exasperante.

Dr.: Sí … veo que la prescripción en cada ojo es bastante diferente de lo que Ud. debería estar usando y la prescripción que ahora tiene no tiene ningún sentido de la forma que Ud. ve… La verdad es que no … Yo no entiendo cómo es que Ud. puede ver claramente como me dice que lo hace.
Yo: (Agarrando un libro frente a mí como para convencerlo de que estaba diciendo la verdad; empecé a leerlo en voz alta y luego, mirando detrás de él seguí leyendo las palabras de su título de Oculista para convencerlo que igual podía leer de lejos también.)
Dr.: Mm hmm … Es que no hay una justificación que yo pueda encontrar como para explicar la razón de cómo puede ver.
Yo: Es Dios!
Dr.: Bueno, definitivamente… no hay una explicación científica que yo pueda darle para justificar su vista perfecta.
Yo: Lo sé. ¡Es Dios!
Dr.: También tengo que decir que es la única persona que he conocido así. No tengo a ningún otra persona a la que le haya pasado esto antes.
Yo: ¡Es Dios! ¡Es Dios!

Ese día Dios me mostró que me había dado vista física para luego descubrir mi propia ceguera espiritual. Su propósito era que yo escribiera este libro para Él.

SU VOLUNTAD

Debido a que Dios nos ha hecho para sí mismo, nuestro corazón está inquieto
hasta que descanse en él.
- San Agustín de Hipona

¿Está la raza humana en una posición de entender la naturaleza de Dios? ¿O es este concepto tan abstracto que nos parece inalcanzable?

De la manera que yo lo veo la voluntad de Dios desde un principio ha sido la de establecer una relación personal con nosotros, su creación.

La paradoja divina se expresa una vez más en la naturaleza del Creador en relación con Su creación. El Creador formó a los hombres en su propia imagen (Génesis 1:27). Como venimos de Dios, y hemos sido creados a su imagen, tenemos atributos semejantes a Él. El Espíritu de Dios me ha mostrado que este atributo principal, - el cual nos permite reflejar Su semejanza más que ningún otro, es el libre albedrío.

Cuando cada uno de nosotros viene a este mundo, estamos sujetos a condiciones y circunstancias externas que, con el tiempo, nos van moldeando a llegar a las personas que somos. Tales elementos como el lugar de origen, la cultura, el idioma, la condición social, constitución física, y muchos otros factores entran en juego. Sin embargo, nuestras vidas comienzan a tomar forma, no sólo de acuerdo a lo que experimentamos, sino también lo que elegimos creer.

A todos se nos ha dado la oportunidad de tomar una elección al igual que a Adán y Eva que es probablemente la que va a dictar nuestras prioridades en la vida. ¿Vas a creerle a Dios o no? ¿Vas elegir la vida o la muerte? ¿Vas a preferir comer del árbol de la vida o del árbol del conocimiento del bien y el mal?

"A los cielos y a la tierra llamo por testigos hoy contra vosotros, que os he puesto delante la vida y la muerte, la bendición y la maldición; escoge, pues, la vida, para que vivas tú y tu descendencia"(Deuteronomio 30:19) "Y si mal os parece servir a Jehová, escogeos hoy a quién sirváis; si a los dioses a quienes sirvieron vuestros padres, cuando estuvieron al otro lado del río, o a los dioses de los amorreos en cuya tierra habitáis; pero yo y mi casa serviremos a Jehová." (Josué 24:15).

Pero Dios tuvo una opción también, y Él la tomó hace ya mucho tiempo. La elección de Dios y su voluntad final es que lleguemos a la realización de su existencia y conexión íntima con cada uno de nosotros.

Mientras más pronto nos demos cuenta de nuestra necesidad innata de Él, más pronto llegaremos a la realización de que Él es la fuente de todo lo que nuestra alma anhela y perderemos el sabor por las cosas materiales e inmundas. Aprenderemos a escuchar la melodía de su voz cósmica y seremos libres de bailar al son de su ritmo celestial.

LA FLECHA DEL TIEMPO

Desde el principio de la historia de la humanidad hemos tratado de entender el "Tiempo". El tratar de explicar cómo el tiempo funciona y cuál es su significado, parece eludir nuestra razón mortal. El concepto del tiempo ha sido un tema de debate en todas las disciplinas del saber humano, desde la filosofía hasta la religión y la ciencia. Sin embargo, un consenso común en cuanto a lo que realmente es el tiempo sigue eludiendo a los filósofos, teólogos y hombres de ciencia. Pero la respuesta parece bastante simple para mí. El tiempo, en su esencia, no es más que lo que Dios me ha concedido. Yo lo he llamado "vida." Tiempo es lo que tengo desde el instante en que llegué a la existencia hasta el momento en que tome mi último aliento. El tiempo es lo que Dios nos ha dado para que hagamos uso de nuestro libre albedrío. El Tiempo nos permite o ya bien acercarnos o alejarnos del Creador. Nuestro valioso tiempo es exactamente lo que Él quiere que le regresemos. Él quiere que utilicemos el tiempo que nos ha dado sobre esta tierra en la búsqueda apasionante de nuestro camino de regreso a Él para mejorar nuestra visión espiritual y tomar el sol bajo su luz.

Debemos tomar tiempo para estar en comunión con Él, para adorarlo, servirlo; - tiempo para llegar a conocerlo desde nuestra perspectiva humana. Y todo este tiempo que se lo dedicamos es pasarlo en sus manos para convertirnos eternos con él. El tiempo fuera de él se pierde y se desvanece como el vapor a la luz del sol.

En 1870, a un físico australiano llamado Ludwig Boltzman se le ocurrió la ley de la entropía - ahora conocida como la segunda ley de la termodinámica, una de las más fundamentales leyes de la física. Una manera fácil de entender la ley de la entropía es pensar en algo que va desde el orden hacia el desorden. - Un cubo de hielo derritiéndose lentamente en una habitación caliente, un parpadeo de la bombilla hasta que finalmente se queme, el agua llegando a un punto de ebullición de laminación en la estufa - todos estos son ejemplos de esta desestabilización, este cambio de estado.

Gracias al concepto del tiempo, podemos medir los niveles de este cambio. Es un proceso que es considerado imposible de revertir, una vez algo trastornado no puede convertirse en algo ordenado de nuevo, - lo que se ha desestabilizado y ha cambiado no puede volver a su estado inicial. Esta proyección de una sola vía hacia el futuro gracias a la ley de la entropía es a veces referido como la "Flecha del tiempo".

Si examinamos el estado de nuestra entropía espiritual, creo que estaríamos sorprendidos. Dios nos dio orden y perfección, pero nuestro tiempo se está acabando. La flecha implacable del tiempo está surgiendo hacia adelante, y lo que en un principio se nos dio está continuamente en estado de desintegración sin esperanza de mejorar. Y puesto que el tiempo es la sucesión de decisiones que me van a traer de vuelta o más lejos de Dios, ni un minuto puede ser desperdiciado. Si quiero construir una relación profunda con él, tengo que usar mi tiempo de manera sabia. Tengo que utilizarlo para tomar conciencia de su reino, de sus caminos, de sus ojos en mí, de sus ojos en mi corazón.

NUESTRA MISIÓN Y NUESTRA RECOMPENSA

No es indigno el preguntarse ¿Pero porqué Dios ha echo tan dificultosa la búsqueda?

Cuando era una niña, mi padre viajaba mucho fuera de la ciudad por razones de trabajo. Cada vez que regresaba, yo sabia con seguridad que el me había traído un pequeño regalo. Al minuto que él entraba por la puerta, corría hacia él preguntando qué era lo que me había traído esta vez.

Él despreocupadamente respondía: "¿Quién yo?" O a veces me decía "No, se me olvidó" pero me daba cuenta por su sonrisa en la cara que tenía un regalo para mí escondido en su faltriquera. Empezaba entonces a buscarle en todos los bolsillos de su abrigo mientras él me hacía cosquillas y los dos nos reíamos hasta encontrar el preciado tesoro. Entendí más tarde que el verdadero premio no estaba en el caramelo o en la pequeña baratija que tenía en su chaqueta. Importaba más la relación - el tiempo que pasábamos juntos, jugando, haciéndonos cosquillas, y riéndonos.

Él podría haberme entregado el regalo con poco preámbulos… pero él anhelaba esos preciosos minutos de interacción con su hija.

Nuestro Padre celestial es de la misma manera. Él tiene tantos regalos celestiales, tantas promesas para nosotros que no tienen precio y nos promete otorgar libremente. Pero Él anhela nuestra relación con Él. Él quiere que pasemos tiempo con Él buscando nuestros premios espirituales en Su Palabra y en Su comunión.

Mientras más largo nuestro caminar con el Señor y mayor la atención que invirtamos en nuestra relación con Él, más armas y artillería obtendremos para utilizar en contra de nuestra propia carne.

Me recuerda a un juego de video que a mi hijo le gusta jugar - el héroe está en una búsqueda y debe pelear contra los enemigos que aparecen a lo largo del camino. Mientras se acerca más hacia su objetivo y vence a sus atacantes, va adquiriendo más herramientas y armas.

Nuestra búsqueda tiene que ver con el crecimiento y la relación. El crecimiento implica movimiento, causa y efecto. Dios tomó la decisión de darme tiempo (vida), y tengo opciones en cuanto a la forma en que lo uso. Mientras más tiempo que paso buscando la luz de Dios y afilando mi visión espiritual, más conciencia de ganancia de su realidad.

> *"Porque la tierra será llena del conocimiento de la gloria de Jehová, como las aguas cubren el mar." (Habacuc 2:14)*

Su voluntad es que nosotros lo veamos con claridad.

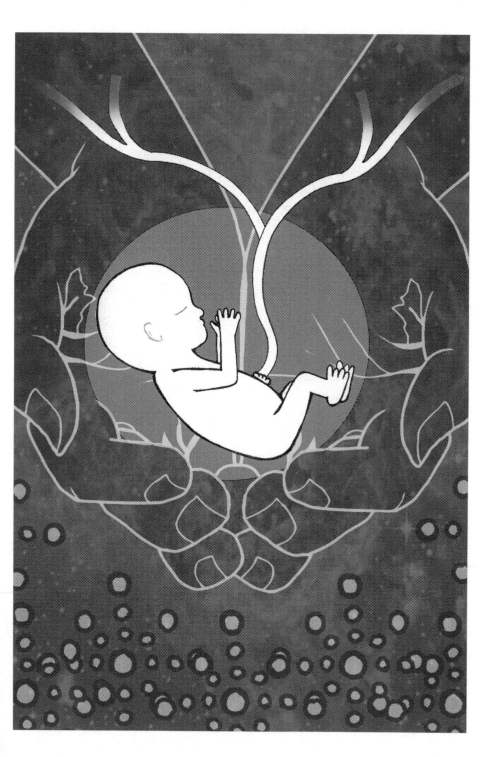

*"Ni esconderé más de ellos mi rostro; porque habré derramado de mi Espíritu sobre la casa de
Israel, dice Jehová el Señor." (Ezequiel 39:29)*

Su elección es revelarse ante nosotros, y su recompensa se manifiesta a
través del Espíritu Santo. Yo por mi parte, no soy nada más que un pequeño
trozo de evidencia que hasta el simple puede alzar sus ojos y ver Su Gloria - si
eso es lo que busca mas que nada en el mundo.

TUVE UN SUEÑO

....

Estaba naciendo de nuevo en su Espíritu. Me vi a mí misma como un
pequeño feto indefenso en las manos de Dios. Estaba conectada a Sus manos
por medio de un cordón umbilical. Me decía que era mi deber mantener ese
cordón umbilical espiritual saludable, para mantener su poder como corriente
viva fortaleciendo segundo a segundo.

Él me ha dado a la Luz

En todo lo que antes creía que sabía
Se ha desvanecido en el espacio y desaparecido.
Mis pensamientos e ideas
Se cuelgan de mi mente.
Se han vuelto tan pesados
Que se desmoronan por mis mejillas,
Como lágrimas de estrellas y galaxias
Y vuelan como petirrojos de nuevo dentro de mi alma.

Nada de lo que veo tiene sentido ya.
Todas mis creencias son nada más que palabras sueltas
Cuando la oscuridad se convierte en luz
Y la luz entra en mis ojos,
Veo formas extrañas y desconocidas.
Una paradoja divina con una voz todavía me dice,
«Todo está pasando y todo estará bien.»
Estoy corriendo a través del canal del parto,
Frío y oscuridad, miedo demasiado rápido para sentir,
Dejando atrás las ideas y viejas mentiras.
Y todo lo que escucho es el silencio de un grito cósmico
En el que me veo nacer en sus manos!

EL CORDÓN UMBILICAL ESPIRITUAL

···

Antes de nacer al mundo, recibimos alimento y nutrición a través del cordón umbilical que nos conecta con la placenta de nuestra madre. Durante el desarrollo prenatal, el cordón umbilical es fisiológica y genéticamente parte del feto el cual además contiene normalmente dos arterias (las arterias umbilicales) y una vena (la vena umbilical), enterrados dentro de la gelatina de Wharton. La vena umbilical suministra al feto con sangre oxigenada y rica en nutrientes por medio de la placenta.

Esta es una relación totalmente hermética y dependiente entre el feto y la madre ya que este no podría sobrevivir solo y deshacerse de impurezas.

Así es nuestro cordón umbilical espiritual tan necesario para el desarrollo de nuestra relación con Dios. Con el fin de volver a nacer espiritualmente, nuestra conexión directa con Él necesita mantenerse saludable y pura. Necesitamos de este cordón umbilical divino para alimentarnos espiritualmente de las ricas promesas del Señor y para eliminar nuestra propias fallas e impurezas.

"Había entre los fariseos un dirigente de los judíos llamado Nicodemo. Éste fue de noche a visitar a Jesús. Rabí —le dijo—, sabemos que eres un maestro que ha venido de parte de Dios, porque nadie podría hacer las señales que tú haces si Dios no estuviera con él. De veras te aseguro que quien no nazca de nuevo no puede ver el reino de Dios —dijo Jesús. ¿Cómo puede uno nacer de nuevo siendo ya viejo? —preguntó Nicodemo—. ¿Acaso puede entrar por segunda vez en el vientre de su madre y volver a nacer? Yo te aseguro que quien no nazca de agua y del Espíritu, no puede entrar en el reino de Dios —respondió Jesús—. Lo que nace del cuerpo es cuerpo; lo que nace del Espíritu es espíritu. No te sorprendas de que te haya dicho: "Tienen que nacer de nuevo." Juan 3: 1-7 NVI

Debemos tener en mente que el Reino de Dios está reflejado en este mundo físico y si abrimos los ojos podemos empezar a ver una realidad que nos lleva mas allá de nuestras propias erradas percepciones. La relación es íntima, totalmente intrínseca y directa.

"No tendrás otros dioses delante de Mí." Éxodo 20:3 NVI

Sin intermediarios. Una relación personal con Dios. Esta es la única forma que podemos nacer de nuevo espiritualmente - cuando despertamos a esta nueva realidad donde nos vemos conectados directamente por medio de este cordón umbilical beatífico a la Matriz Divina.

Con el propósito de mantener saludable nuestra esencia divina tal como si fuera el cordón etéreo que nos une a Dios, debemos mantener nuestra mente, alma y espíritu llenos de ÉL.

> *"Por lo demás, hermanos, todo lo que es verdadero, todo lo digno, todo lo justo, todo lo puro, todo lo amable, todo lo honorable, si hay alguna virtud o algo que merece elogio, en esto mediten." Filipenses 4:8 NVI*

Sería imposible si no fuera por nuestra conexión cósmica y única con nuestro Creador el saber y reconocer lo verdadero, lo digno, lo justo, lo puro, lo amable y lo honorable. Sino compartiésemos la misma esencia divina, estas virtudes serían extras para nosotros.

Y Él, aun siendo Dios - añora al igual esta comunión con nosotros - un concepto demasiado vasto para nuestro entendimiento, no importa cual intelectuales seamos ya que este cordón umbilical nos une de vientre a vientre y no al cerebro. Un concepto que supera todo entendimiento humano y es de ámbito espiritual.

SI, SE TRATA DE TI MISMO

Toda una vida se nos ha enseñado que debemos pensar en los demás más que en nosotros mismos. Aun otro ejemplo de paradoja divina. Sí y no.

Jesús trató de ponerlo muy claro y simple para que lo podamos entender.

> *"Ama al Señor tu Dios con todo tu corazón, con toda tu alma, con toda tu mente y con todas tus fuerzas." El segundo es: "Ama a tu prójimo como a ti mismo." No hay otro mandamiento más importante que éstos." Marcos 12:30-31*

Primero se establece la relación mas importante en nuestras vidas: la relación personal con Dios. Luego, viene la relación con el prójimo pero escondido como un tesoro está la relación con nosotros mismos. Si lo ponemos al revés podemos verlo más claramente: "Ámate a ti mismo como amas a tu prójimo."

Debido a nuestro acondicionamiento cultural, este concepto nos parece egoísta y/o egocéntrico pero he allí la joya hermosa. No podremos nunca amar a nadie a menos que aprendamos a amarnos a nosotros mismos. Nadie puede dar lo que no tiene. Saber cómo amarse a sí mismo es muy importante. El amor propio es la esencia misma del bienestar, la alegría, y nuestra capacidad de crear y disfrutar la clase de vida que deseamos. No podemos llegar a conocer la felicidad si no estamos en paz con nosotros mismos.

No podemos empezar a amarnos sin el primer paso: "Amar al Señor tu Dios con todo tu corazón, con toda tu alma, con toda tu mente y con todas tus fuerzas" Es más, es este primer paso que abre las puertas al amor propio. Cuando amamos a Dios y llegamos a la realización que compartimos Su esencia descubrimos que Él es AMOR PURO y por lo tanto la fuente de todo Amor. Desde esa perspectiva, amarte a ti mismo ya no es un problema.

El amar a los demás no es nada más que el resultado de estos dos primeros pasos. Ya no es un esfuerzo pero una naturaleza que nace sin mas juzgamiento ni temor.

Uno de los secretos de la existencia humana se desenvuelve en esta realidad. Dios es UNO y uno cada uno de nosotros. Todo es entre Dios y cada uno de nosotros.

No podemos buscar salvación en una religión, filosofía o comunidad. Él es un Dios personal y quiere tu atención personal. Él anhela que le respondamos a Él como Él nos alcanza a cada uno de nosotros: *individualmente*.

Él es quien formó el corazón de todos, y quien conoce a fondo todas sus acciones. Salmos 33:15 NVI

Antes de formarte en el vientre ya te había elegido; antes de que nacieras ya te había apartado... Jeremías 1:5 NVI

...y él les tiene contados a ustedes aun los cabellos de la cabeza. Mateo 10:30 NVI

Señor, tú me examinas,
tú me conoces.
Sabes cuándo me siento y cuándo me levanto;
aun a la distancia me lees el pensamiento.
Mis trajines y descansos los conoces;
todos mis caminos te son familiares.
No me llega aún la palabra a la lengua
cuando tú, Señor, ya la sabes toda.
Tu protección me envuelve por completo;
me cubres con la palma de tu mano.
Conocimiento tan maravilloso rebasa mi comprensión;
tan sublime es que no puedo entenderlo
Salmos 139: 1-6 NVI

Es asombroso y cautivante que el Creador de todo el universo - cuyo poder ha formado las estrellas y los cielos poniéndolos en orden perfecto en el cosmos - también me ha creado a mí, su simple y sorprendida Grace.

¡Pero es cierto! Cada uno de nosotros es una creación única y esencialmente todos y cada uno de nosotros somos únicos! Nuestro Padre celestial nos formó con inimitables personalidades y talentos y nos conocía desde el vientre de nuestras madres.

En ti he sido sustentado desde el vientre; de las entrañas de mi madre tú fuiste el que me sacó; de ti será siempre mi alabanza. Salmo 71:6 NVI

Te alabaré; porque formidables, maravillosas son tus obras;
Estoy maravillado, Y mi alma lo sabe muy bien.
Salmo 139:14 NVI

Somos el resultado de un pensamiento cósmico bañados de purpurina celestial, empapados de la misma materia que es la fuerza que mueve y lo detiene todo: AMOR.

Él tiene un propósito único para cada uno de nosotros que sólo nosotros podemos lograr. Dios tomó la decisión de establecer una relación con nosotros … pero el mantenimiento de este vínculo, la búsqueda de esta relación, depende de cada uno. Nuestro deber es ver que no haya nada que nos distraiga de esta conexión. Sólo una auténtica relación con Dios promoverá relaciones auténticas con otras personas.

TU ENFOQUE, TU ELECCIÓN

No siempre es fácil hacer que nuestra relación con Él sea nuestra principal prioridad. Hoy, más que nunca, podemos apenas conseguir un descanso de tantas distracciones. Tenemos que aprender a concentrarnos, aprender a *cuando* enfocarnos, y aprender *en que* centrarnos.

El enfoque no es un valor apreciado por nuestro mundo moderno. Y no creo que sea una coincidencia que, justo cuando la ciencia nos está acercando a la evidencia de un Creador, tengamos que hacer frente a los cientos (si no millones) de disparos discrecionales apuntados a nuestros cerebros pero atacando directamente a nuestras almas.

Me he dado cuenta que las películas dirigidas a la gente joven está llena de información múltiple a la vez. Es un ataque total a todos los sentidos a la misma vez. Entre smartphones, Internet, la televisión y los medios sociales, estamos perdiendo más y más la agilidad de "meditar" en lo bueno, en lo digno, en lo puro… La batalla por nuestra atención esta siendo intensificada por el minuto. Es como si algo nos estuviese jalando con una fuerza oculta lejos de la posibilidad de tomar conciencia de la realidad de Dios.

Pero a la misma vez, es por causa de esa intensidad de información bombardeada en nuestras vidas, que sentimos la necesidad innata de paz y silencio.

Despertar a la conciencia de que no hay realidad trascendental más que la realidad divina es sólo una manera más de superar las distracciones: Tenemos que cuestionar conscientemente todo lo que no pertenece a nuestra relación personal con él. Absolutamente **todo** - incluido nuestras afiliaciones religiosas y opiniones teológicas. Somos responsables ante todo, de nuestras propias creencias. A Dios no le interesa si tus amigos lo amaban o ibas a la iglesia mas predominante de tu comunidad. ¿Crees lo que crees porque sabes que es la verdad? ¿O crees lo que crees porque tus padres te lo enseñaron, o tus mejores amigos van a la misma iglesia o templo que tú? Es imperativo que cuestiones todas las creencias que te han enseñado o tu has seguido por tradición o conveniencia.

En cuanto a ustedes, la unción que de él recibieron permanece en ustedes, y no necesitan que nadie les enseñe. Esa unción es auténtica —no es falsa— y les enseña todas las cosas. Permanezcan en él, tal y como él les enseñó.
1 Juan 2:27

Es el Espíritu de Dios quien te guía hacia Sí mismo. No la religión, no tus mejores amigos o el sacerdote, pastor, rabino, o Papa.

Cuando llegó a la región de Cesarea de Filipo, Jesús preguntó a sus discípulos: —¿Quién dice la gente que es el Hijo del hombre? Le respondieron: Unos dicen que es Juan el Bautista, otros que Elías, y otros que Jeremías o uno de los profetas. Y ustedes, ¿quién dicen que soy yo? Tú eres el Cristo, el Hijo del Dios viviente —afirmó Simón Pedro. Dichoso tú, Simón, hijo de Jonás —le dijo Jesús—, porque eso no te lo reveló ningún mortal, sino mi Padre que está en el cielo. Mateo 16: 13-17

A Dios, como Jesús nos lo enseñó - no le interesa las opiniones de los demás sino la nuestra. ¿Quién crees que es Dios? ¿Quién es Jesús?

Nuestra existencia sobre esta tierra se desenvuelve día a día de acuerdo a esta relación primaria con el Creador de todo lo que ha sido creado. Después de ésta verdad reconocida - todo lo demás cae en su lugar.

Éste es el pacto que después de aquel tiempo haré con la casa de Israel —dice el Señor—: Pondré mis leyes en su mente y las escribiré en su corazón. Yo seré su Dios, y ellos serán mi pueblo. Ya no tendrá nadie que enseñar a su prójimo, ni dirá nadie a su hermano: "¡Conoce al Señor!", porque todos, desde el más pequeño hasta el más grande, me conocerán. Hebreos 8: 10-11

La idea es cuestionar todo, incluso lo que se lee en este libro. Infórmate sobre las cosas por tu propia cuenta. Confía en tu increíble conexión con el Espíritu para tu revelación. Da la espalda a los paradigmas establecidos que pueden estar limitando tu visión espiritual y bloqueando tu conexión con el Señor. Lee La Biblia, o cualquier otro libro que El Espíritu exija - saborea y absorbe sus promesas y sabiduría. Que las palabras se conviertan en vida mental y espiritual en ti, y deja que te transforman a Su semejanza.

¿No es eso lo que todos en sí, anhelamos?

SU REALIDAD

Ser o no ser. Esa es la cuestión.
-William Shakespeare

No se puede negar que existimos en un mundo que no podemos totalmente comprender - un mundo lleno de paradojas. Si pudiésemos tomar un viaje imaginario al núcleo de lo que percibimos como materia (lo que nuestros sentidos nos han dicho es la "realidad"), nos encontraríamos en un ámbito de infinitas posibilidades e incertidumbre, - hipnotizados en la búsqueda de respuestas.

Si la realidad no es lo que nuestros sentidos perciben, ¿qué diablos es entonces? La persistente búsqueda de una realidad universal y objetiva nos ha enviado corriendo esparcidos hacia millones de direcciones, pero todo termina de regreso hacia nosotros mismos - nuestra opinión o percepción individual. Cada uno de nosotros tiene que tomar una decisión subjetiva en cuanto a lo que la realidad verdaderamente es.

Esto no significa - de ningún modo - la negación de una verdad absoluta - pero esta existe en un espacio más allá de la comprensión o de palabras humanas. En un ámbito divino y sagrado donde solo puede ser visto - palpado - con los ojos abiertos de nuestro espíritu.

No hay palabras en ningún lenguaje lo suficientemente elocuentes para explicar la realidad de Dios. Conceptos tales como "tiempo", "espacio", "amor" o "Dios" anonadan nuestros diminutos cerebros, así que decidimos no pensar demasiado mucho en ellos y consiente o inconscientemente vivimos en la falsa ilusión de que las cosas a nuestro alrededor son la forma en que se supone que deben ser.

Nos despertamos en la mañana, vamos a trabajar o estudiar, nos "ganamos" la vida, volvemos a casa, comemos y vamos a la cama para volver a hacerlo todo otra vez, día tras día. Pero en el fondo, todos tenemos un anhelo profundo de saber quiénes somos en realidad y si hay un propósito para nuestras vidas. Tenemos una necesidad insaciable de saber lo que es real.

En su momento, Dios todo lo hizo hermoso, y puso en el corazón de los mortales
la noción de la eternidad, aunque éstos no llegan a comprender en su totalidad
lo hecho por Dios. Yo sé bien que para los mortales no hay nada mejor que
gozar de la vida y de todo lo bueno que ésta ofrece. Eclesiastés 3: 11-12

Él es la realidad. Él es el "YO SOY", y yo tengo la opción de ser o no ser. Cuando elijo a transformarme en su semejanza, elijo **ser**. Cuando decido operar bajo Su luz sagrada, ya no soy ciega. Mis ojos espirituales pueden ver con claridad la relación entre Dios y cada uno de nosotros. Mi cerebro es capaz de entender entonces, las realidades espirituales que me rodean. Así, por fin soy capaz de navegar desde mi realidad subjetiva hacia la suya absoluta.

¿QUÉ ES REALIDAD?

En su juventud, la ciencia y la religión no se llevaban bien y tuvieron que ser separadas hasta que aprendieran a jugar limpio.

La humanidad separó la ciencia de la religión como separamos mente del cuerpo y el alma del espíritu. La mayoría de nosotros todavía nos encogemos con pavor cuando escuchamos a la gente hablar sobre "tiempo", "gravedad", "física cuántica", "teoría de cuerdas", y así sucesivamente en la misma conversación al hablar del reino de Dios.

Nos han enseñado a juzgar temas tales como "Nueva Era" o "Misticismo" como asuntos prohibidos en la sobremesa cristiana.

Yo también tuve dudas. Cuando el Espíritu de Dios me empujó a empezar a investigar conceptos tales como la gravedad, la física cuántica, y agujeros negros - yo le pregunté si no debía ser la investigación un poco más "espiritual". Seguramente palabras como "fe", "humildad" y "perdón" serían más adecuadas, pensé. Pero ahora puedo finalmente ver con los ojos abiertos a donde iba.

Los descubrimientos en la física cuántica han demostrado que existe otro orden de realidad que se encuentra bajo la superficie de lo que conocemos. Como cuestión de hecho, estos descubrimientos han abierto las puertas de par en par, a la idea de que lo que podemos percibir como "real" (el mundo físico) puede no ser; y que lo que percibimos como una idea abstracta (Dios) puede ser la única fuente de una realidad absoluta!!

En respuesta a la pregunta más importante: "¿Qué es realidad?" la ciencia y la fe se han unificado más que nunca en la historia de la humanidad. Todas las excusas se han disipado, no hay más lugares para esconderse. La falsa dicotomía que ha enfrentado al mundo material contra el espiritual se ha hecho añicos. Ahora tenemos la oportunidad de ejercer nuestra libertad de elección con una conciencia más profunda gracias al conocimiento que está disponible a nuestro alcance ahora, hoy. A través de una interpenetración de la psicología, la ciencia, la física y la religión - la humanidad ha llegado a una encrucijada. Una visión más realista al concepto multifacético de Dios se nos ha presentado y ahora tenemos que tomar una decisión.

¿Lo aceptamos tomando en cuenta todo el conocimiento científico presentado o encarcelamos nuestra mente bajo la pretensión de una religión preconcebida por humanos? Es nuestra elección.

ALCANZANDO LA EDAD DE LA RESPONSABILIDAD

··

La historia espiritual de la humanidad puede ser comparada con el crecimiento de un niño. Como recién nacidos impotentes - muchas ofensas se nos han sido perdonadas por la falta de conciencia pero ahora hemos crecido lo suficiente como para ser responsables de nuestras acciones. Dios ha sido muy misericordioso y comprensivo con nuestra falta de madurez y conocimiento.

Sin embargo, nuestro conocimiento humano ha ido evolucionando y negarlo o pensar de otra manera seria equivalente a no reconocer que la tierra es redonda y no plana.

El Espíritu de Dios me ha revelado que ahora se requiere un enfoque mucho más intencional a las verdades que nos rodean. No podemos seguir dejándonos llevar por un existir sin sentido ni una meta a alcanzar. La paradoja divina yace que al momento de llegar a esta realización - lo único que se nos pide es simplemente "ser". Sin juzgarnos los unos a los otros, sin auto-destruirnos... simplemente "ser" como **"es"** él.

Él anhela que nuestros ojos lo vean a Él con su mirada fija en cada uno de nosotros. Que nuestra mente descanse en su verdad, y nuestros corazones busquen refugio en la luz de su realidad. Él anhela que tengamos fe.

La fe es garantía de las cosas que esperamos y certeza de
las realidades que no vemos. Hebreos 11:1

El tener fe es mi elección. Tener fe significa que he agudizado mi visión espiritual a través de una serie de elecciones diarias que me han llevado a ver una realidad que mis ojos no ven.

Esta clase de fe me permite alcanzar lo que mi mente me insiste es utópico y prueba lo imposible como posible. Esta clase de fe entra por mis poros e ilumina hasta el último rincón de mi ser y me vuelve luz.

Ustedes son la luz del mundo, como una ciudad en lo alto de
una colina que no puede esconderse. Mateo 5:14

Cuando por fin aprendí (y sigo aprendiendo) a no juzgar entre el bien y el mal, empece a notar como esta luz divina en mi hiciera que las lineas que había marcado entre lo bueno y lo malo, se iban disipando poco a poco hasta el punto de transformarse parte de la luz incandescente. Mis ojos ahora ven a Dios en todo y en todos. Esta irradiante luz, me ha cegado por completo de tal manera que lo veo todo como parte de ella - hasta mi misma.

Hoy veo con lentes de humildad la hermosa realidad que Dios ha creado para mi, para ti, para todos aquellos que ven con LOS OJOS ABIERTOS!

TUVE UN SUEÑO

Vi un círculo distorsionado donde habitaba una humanidad sin esperanza. Estaba en tinieblas, temblorosa, inestable e impredecible. Sentía que era amurallada por la envidia, el rechazo, el egoísmo, el miedo, la lujuria, idolatría, insatisfacción, desesperanza, oscuridad, y soledad. Tenía un olor que apestaba a soberbia.

La gente se empujaba y se destruían los unos a los otros. Subían escaleras que no iban a ninguna parte convencidos que el éxito estaba al final de ellas. Caminaban a través de túneles sin fin buscando gratificación barata y pasadera. Escuchaba el lamento de aquellos que tenían pena por ellos mismos sintiéndose víctimas e inmovilizados por cadenas que sólo ellos podían ver. Habían otros que nadaban en lagos de desesperación y no alcanzaban la orilla por más que trataban.

Vi a algunos comiendo y bebiendo sin encontrar satisfacción. Otros trabajando con ladrillos que desaparecían en el momento que tocaban otro sin edificar nada.

Por calles sin piso andaban aquellos que llevaban posesiones acumuladas sobre sus hombros como mulas de carga. Algunos estaban parados sobre montañas de gente sintiéndose superior y hablando palabras que caían al suelo como ácido sulfúrico.

Escuché música sin ningún ritmo y la gente bailaba para distraerse a sí mismos de la agonía, tratando de ahogar los gritos de aquellos que habían sido abusados y abandonados.

Luego vi en un lugar escondido a plena vista que había algunos que se postraban en arrepentimiento, no tanto por lo que hacían pero más por la aceptación de lo que no podían hacer. Estaban al pie de un conducto que al momento de su admisión de falta de poder, todo el peso de su soberbia desaparecía haciéndolos lo suficientemente pequeños como para ser absorbidos por una fuerza que los succionaba a través de un pasillo que conducía a la realidad de Dios.

Esta era una esfera perfecta y tenía el aroma de amor y aceptación. Podía ver la benevolencia de Dios reflejada en aquellos que servían a los más débiles. La gente parecía conocer y comprender su propósito personal de ser. Llevaban sus ojos en sus corazones y no en sus cabezas.

Había un flujo perfecto de movimiento como un baile divino donde cada uno se formaba atrás de otro como notas musicales siguiendo el ritmo de una sinfonía celestial.

Cada acción era de servicio y respiraban un aire lleno de esperanza, perdón, misericordia y compasión. No existía ningún interés en la gente de ser mejor que nadie. Habían olvidado sus hábitos de juzgar.

SU REINO

Cuando nos mudamos de nuestra realidad hacia la suya, nos convertimos en ciudadanos de Su reino. Este viaje es otro ejemplo de una paradoja divina: es simple pero no es fácil.

Es requisito imperativo que lo dejemos todo atrás. Tenemos que desposeernos de nuestro ego y de todo lo que podría abrumarnos. No podemos llevar consigo nuestras posesiones materiales, nuestras viejas metas, ideas preconcebidas, u orgullo religioso con nosotros. ¡Simplemente no hay lugar para ellos! Debemos recordar que vivíamos desnudos en el paraíso y en lugar de regresar a el, tenemos que desnudarnos de todo lo que no pertenece en él.

Si tu sentido de valor depende de este tipo de cosas, quiere decir que aún no estás listo para hacer el viaje. Él proveerá todo lo necesario para esta aventura. Lo único que tienes que hacer - es tomar la decisión de hacerlo.

Este Sapientísimo Dios me ha despojado de todo lo que un día creí importante para mí. Desde mis posesiones materiales hasta mis creencias religiosas.

A pesar de que interinamente lo he llamado "Dios", Él me ha sugerido en El espíritu que no lo defina ya que El está mas allá de cualquier definición humana que le podamos otorgar.

No hay palabra en ningún lenguaje humano que pueda contener su esencia divina.

Un día me pregunto por qué es que insisto en preguntar "Quién" es Él y no pregunto "Qué", "Dónde", "Cómo"... dándome a entender que su esencia se explica aun mas allá de mis ideas preconcebidas de un "quién".

Dios es el Punto de Singularidad de la Creación; La Realidad Suprema; La Conciencia Absoluta y Perfecta, El Poder Creativo Fundamental, El Observador y Participante, El Factor Constante. Dios es Amor Puro.

El Reino espiritual de Dios es reflejado en la fisonomía de este mundo físico y el universo. La intención del Creador no fue que asumiéramos arrogantemente que somos la única forma de vida en el conjunto del universo. Él quería inculcarnos un sentido de humildad, para promovernos a una conciencia de fragilidad de nuestra existencia.

Cuando fijamos nuestra vista hacia el universo - deberíamos sentirnos infinitamente pequeños e insignificantes en comparación a la inmensidad del cosmos. Al mirar hacia abajo, al nivel del átomo en la materia, deberíamos admirar a la magnificencia del Creador.

Con los ojos abiertos hacia arribe: descubrimos nuestra pequeñez.

Con los ojos abiertos hacia abajo: descubrimos Su Grandeza.

Si Jesús hubiera vivido en nuestro tiempo en lugar del suyo, me lo puedo imaginar hablándonos con diferentes parábolas acerca de panes y pescadores. Por ejemplo diría: "El Reino de mi Padre es como un punto de singularidad, donde el tiempo y el espacio cesan de existir. Donde la realidad entra y sale de la existencia desafiando la comprensión humana. Él está en el centro de todo lo que ha sido creado, y será el fin de todo la realidad tal como la conoces".

O algo como: "El Reino de Dios es como un agujero negro en el que todas las ideas preconcebidas por los humanos desaparecen para siempre"

"Mi Padre reina sobre toda la información cuántica. El *es* la información cuántica. El es el Observador constante que puede colapsar la ambigüedad de nuestra existencia".

"Vivir en su presencia es como vivir en un mundo incierto a los ojos humanos y estar clavados inmunes a su realidad absoluta por medio de nuestra libre elección de así serlo".

¿COINCIDENCIA O DIOSCIDENCIA?

No puedo ya creer que todo lo que me ha pasado sea el resultado de una serie de coincidencias. Si así fuese, negaría mis propias experiencias con El Espíritu de Dios.

Para mi propio asombro, lo que se me ha sido revelado por medio de sueños y visiones - no es ajeno a lo que ha estado pasando en el mundo de la ciencia mientras yo - y muchísimos más cristianos - me rehusaba empedernidamente a ver y escuchar.

Es el Espíritu que reina sobre la materia. La mente sobre lo físico. Y es la ciencia que ahora tiene que tomar una posición humilde ya que no tiene otra salida. Está entre la espada y la pared.

Estudios del cerebro han avanzado increíblemente en las últimas décadas mediante las "tomografías cerebrales": conectando electrodos al cerebro, se puede determinar ahora donde se produce cada una de las actividades de la mente. Es posible medir la actividad eléctrica que se produce durante una actividad mental, ya sea racional, como emocional, espiritual o sentimental y así se sabe a qué área corresponde esa facultad.

Estos experimentos en neurología han comprobado algo aparentemente ilógico y extraño: Un objeto es presentado al sujeto y la actividad cerebral es grabada. Entonces, se le pide a la persona que solo cierre los ojos y piense en el objeto sin verlo el cerebro refleja la misma actividad cuando "ve" que cuando "siente"! Parece que el cerebro no distingue entre lo que ve y lo que imagina porque las mismas redes neuronales están implicadas; para el cerebro, es tan real lo que ve como lo que siente", afirma el bioquímico y doctor en medicina quiropráctica, Joe Dispenza. ¿Será posible entonces que somos capaces de fabricar nuestra realidad desde la forma en que procesamos nuestras experiencias, es decir, mediante nuestras emociones?

Debido a diversos problemas de salud durante mi vida - incluyendo convulsiones, quimioterapia, menopausia y vejez; hay instancias en las que no puedo recordar si alguna memoria que tengo en mi mente han sido generadas por experiencia personal o a través de libros o películas. Recuerdos tales como lugares que he visitado - no puedo distinguir si mi memoria se basa en mi experiencia actual de haber estado allí o es que lo vi en una película o lo leí en un libro.

Obviamente para mi cerebro - no hay diferencia. Allí existe un pequeño órgano llamado hipotálamo donde se fabrican las respuestas emocionales. y es ahí también donde se crean unas partículas llamadas "péptidos" - pequeñas secuencias de aminoácidos que, combinadas, crean las neurohormonas o neuropéptidos. Estas son las responsables por las emociones que sentimos diariamente.

Según John Hagelin, profesor de física y director del Instituto para la ciencia, la tecnología y la política pública de la Universidad Maharishi, dedicado al desarrollo de teorías del campo unificado cuántico: "hay química para la rabia, para la felicidad, para el sufrimiento, la envidia…"

En el momento en que sentimos una determinada emoción, el hipotálamo descarga estos péptidos, liberándolos a través de la glándula pituitaria hasta la sangre, que a su vez, se conectan con las células que tienen esos receptores en el exterior.

Ha sido un largo viaje hacia lo desconocido ya que nadie hasta ahora ha podido ver donde es que nace un pensamiento, o logrado captar donde es que guardamos las memorias.

Nuestro cerebro crea estos neuropéptidos y nuestras células son las que se acostumbran a "recibir" cada una de las emociones: amor, respeto, gozo, miedo, ira, envidia etc.

Cada individuo es libre de reaccionar a estímulos circunstanciales de la forma que uno quiera. Sin embargo, la mayoría decide actuar de la forma que ha visto a los demás a su alrededor frente al mismo estimulo. Mientras mas reaccionamos de la misma forma esos millones de terminaciones sinópticas en nuestro cerebro están continuamente recreándose. Pero si decidimos reaccionar de la misma forma - una y otra vez - formamos sin querer - un habito difícil de romper.

Es solo cuando nos damos cuenta del poder que Dios nos ha dado por medio del libre albedrío de responder de una forma diferente cuando podemos romper la cadena de los hábitos y adicciones que operan con la misma mecánica.

Tan pronto logremos romper éste círculo vicioso, quebramos esa conexión y damos oportunidad al cerebro de crear otro puente entre neuronas que es el "pasaje a la liberación". En el Instituto Tecnológico de Massachusetts, durante sus investigaciones con lamas budistas en estado de meditación, han demostrado que nuestro cerebro está permanentemente rehaciéndose, incluso, en la ancianidad. Por lo tanto - ahora veo con los ojos abiertos y entiendo con mucha más profundidad lo que Pablo estaba tratando de decir cuando dijo:

"Porque, ¿quién ha conocido la mente del Señor para que pueda instruirlo? Nosotros, por nuestra parte, entendemos estas cosas porque tenemos la mente de Cristo." 1 Corintios 2:16

Hemos sido creados a la imagen de Dios - El Creador Supremo - por lo tanto los experimentos en el campo de las partículas elementales han llevado a los científicos a reconocer que la mente humana es capaz de crear. En palabras de Amit Goswani, profesor de física en la universidad de Oregon, el comportamiento de las micro-partículas cambia dependiendo de lo que hace el observador: "cuando el observador mira, se comporta como una onda, cuando no lo hace, como una partícula". Es verdad que este concepto da rienda suelta a mi imaginación espiritual y puedo ver a Dios como el Observador supremo de mi existencia ordenando mi realidad de acuerdo al compromiso personal que tenga con Él.

Otros experimentos sensacionales que corroboran con lo que estoy tratando de probar, son los del científico japonés Masaru Emoto con las moléculas de agua. Este científico - armado de un potente microscopio electrónico con una diminuta cámara, fotografió las moléculas procedentes de aguas contaminadas y de manantiales. Pero antes de hacerlo, les hablaba ya sea con palabras positivas tales como "amor", "compasión", "perdón" o palabras negativas tales como "odio", "rencor", "miedo" etc. Luego las metió en una cámara frigorífica para que se helaran y así, consiguió fotografiarlas. Lo que encontró fue que las aguas a las que les habló con energía positiva, creaban cristales de una belleza inconmensurable, mientras que a las que transmitió energías negativas - formaron estructuras desagradables y deformes.

La explicación biológica a este fenómeno es que los átomos que componen las moléculas (en este caso, los dos pequeños de Hidrógeno y uno grande de Oxígeno) se pueden ordenar de diferentes maneras: armoniosa o caóticamente.

Si recordamos que nuestro cuerpo esta constituido 80% de agua, debemos aceptar el hecho que nuestras células están siendo afectadas diariamente por las energías positivas o negativas que nos bombardean diariamente. Las buenas noticias son que podemos elegir la clase de energía que toca nuestras vidas con el simple hecho de aceptarla o rechazarla.

¡Gracias Señor por el poder de elección y por los ojos que te ven!

UNA HOJA DE RUTA HACIA LA REALIDAD

....

En este libro, he estado esencialmente trazando una ruta hacia la realidad de Dios. He estado reviviendo mi propia jornada como cristiana (pero no cierro la posibilidad de otras rutas) hacia la conciencia que ahora tengo. Los pasos son bastante simples.

* En primer lugar, debemos reconocer que:

- **Nacemos espiritualmente ciegos**: 2 ª Tesanolicences 2:01; Juan 9, Isaías 44:18, Ezequiel 12:02, Salmo 135:6; Efesios 2:1, 5; Colosenses 2:13

- **Nos convertimos en siervos de nuestro propia carne si elegimos permanecer ciegos:** Salmo 69:23, Isaías 06:10; 29:10; 41:29; 2 Pedro 2:10, Gálatas 5:13; 6:08, Romanos 6:18-19

- **No somos más que un vapor, una imagen sin forma**: Santiago 4:14, Salmo 39:6

- **No somos dioses ni tan sabios como pensamos que somos:** 1 Corintios 1:20-21; 2:14; 03:19; 04:06; Eclesiastés 3:11

- **No somos nuestros propios amos:** Hechos 07:40; Éxodo 32:23; Eclesiastés 3:11; Proverbios 08:23

- **No tenemos ninguna vida hasta que elegimos aceptarla:** 1 Juan 1:02, Juan 3:36

    * Afortunadamente, somos:

- **Creados a su imagen:** Efesios 4:24; Génesis 05:01

- **Dados una elección individual:** Mateo 08:13; 09:22, 28-29, Salmo 139:13

    *Para ejercer esta opción, debemos:

- **Aceptar el hecho de que hemos sido seres creados:** (Toma cantidades de humildad) Génesis 1:27; Colosenses 1:16; Apocalipsis 4:11

- **Asumir la responsabilidad de nuestra propia ceguera:** 2 Pedro 1:9, 1 Juan 1:6; 2:9-11; 3:15; 4:20

- **Vestirnos con humildad piadosa para la batalla:** Lucas 17:21, Mateo 11:29; Proverbios 18:12; 22:04; 29:23; Colosenses 2:18-23, Efesios 4:02

- **Tratar de hacer sentido del tiempo:** Eclesiastés 3:1-14; 9:09

- **Elegir ver con los ojos abiertos a través de nuestra fe:** Hebreos 11; Gálatas 3:23; Santiago 2:22, Romanos 4:16, Lucas 8:10

    *Cuando hacemos estas cosas vamos a entender que:

- **Él es el YO SOY:** Éxodo 03:14; Isaías 46:9

- **Él es la realidad absoluta:** Colosenses 2:17

- **Él es la vida:** Juan 01:04; 10:10, 1 Juan 5:12

- **Y no vamos a comprender hasta que veamos el círculo completo de Su divina paradoja:** Eclesiastés 11:05

Y eso es todo! Este es el mapa hacia su Reino que he encontrado por medio de mis experiencias. Pero no olviden que han sido mis experiencias y mis opiniones. Cada uno de mis lectores es un ser individual - con experiencias únicas que lo/la han formado en quienes son al momento de leer este libro. Todos hemos empezado una trayectoria y estamos a diferentes niveles de conciencia. Depende de nuestras elecciones individuales hasta donde vamos a llegar.

Para mi forma de ver como cristiana; nosotros - como Jesus - debemos ser el puente accesible para llegar a Dios. Jesus nos dio la pauta de como dirigir a la humanidad hacia El Padre Celestial.

De modo que si alguno está en Cristo, nueva criatura es; las cosas viejas pasaron;
he aquí todas son hechas nuevas. Y todo esto proviene de Dios, quien nos reconcilió
consigo mismo por Cristo, y nos dio el ministerio de la reconciliación; que Dios estaba
en Cristo reconciliando consigo al mundo, no tomándoles en cuenta a los hombres
sus pecados, y nos encargó a nosotros la palabra de la reconciliación. Así que, somos
embajadores en nombre de Cristo, como si Dios rogase por medio de nosotros; os
rogamos en nombre de Cristo: Reconciliaos con Dios. 2 Corintios 5: 17-20

EN UN PRINCIPIO

Las Palabras vinieron a visitarme durante la noche como protagonistas ansiosas de participar en una obra teatral. Grace Guthrie

Todo comenzó con palabras sueltas.

Hace pocos años, yo estaba contenta de ser una esposa y madre sirviendo a Dios al extenúo de mis capacidades. Enseñaba clases de Biblia, participaba en viajes misioneros, y usaba mi licencia de bienes raíces para ayudar a personas necesitadas. Pero tomé la decisión de decir "*sí*" a lo que Dios tenía en mente para mi vida. Desde entonces la cascada de eventos me ha dejado incapaz de negar su participación en los eventos diarios de mi existencia. Coincidencias y situaciones aleatorias, perfectamente escenificadas, se convirtieron en la norma de mi vida cotidiana.

Él comenzó dándome palabras sueltas aparentemente al azar. Palabras que yo sabía que debían tener algún significado. Mi misión era ir a la investigación de ellas y estudiarlas. Luego escribir sobre lo que había aprendido.

Después de que estaba establecido que su orden del día era que yo escribiese un libro con ellas, me pareció sumamente ilógico que las primeras palabras hubiesen sido tales como "física cuántica", "gravedad", "huecos negros" y "frecuencia".

A mi parecer y para mi lógica humana - estas palabras no tenían cabida en un libro "espiritual" como yo misma lo había interpretado. Es mas, palabras como "física cuántica" iba mucho mas allá de mi entendimiento y "ciencia" era solo una clase que había tomado hace mas de 30 años y mi memoria se había encargado de borrar todo o casi todo conocimiento previo.

Ahora lo veo. Con los ojos abiertos puedo ver que ese no es el caso. Él ha tejido cada palabra, cada concepto, de tal forma divina y hermosa para mostrarme la realidad grandiosa de la realidad en sí.

Empecé inmediatamente a ver más claro que la teoría cuántica había desafiado todas las ideas preconcebidas previas acerca de la naturaleza de la materia y por lo tanto - de nuestra percepción de la realidad. Vi con claridad como la ciencia había entrado en el ámbito espiritual y la fe se veía forzada a invitarla a tomar té con ella.

Debo admitir además, que he pateado y gritado hasta aquí. No se pueden imaginar cuántas veces me he peleado con el Espíritu, lloriqueando y quejándome que no tengo la capacidad intelectual para llevar a cabo su deseo de escribir este libro. Pero eso es lo que sucede cuando Dios elige lo necio de este mundo. (1 de Corintios 1:27)

Una vez tomada la decisión, no había camino hacia atrás. Surgieron muchas preguntas y recibía las respuestas a través de sueños, visiones, en la web, y en libros que antes no hubiese tenido los nervios de agarrarlos. Empecé a descubrir verdades que nunca había visto antes.

Así que aquí estoy. La presentación de este libro es para ti, quien ha elegido leerlo. El mensaje es simple: ¡DIOS ES! Él es la realidad mucho más real de que la que nuestros sentidos pueden percibir.

EL AGUIJÓN

....

"Y él dijo: "¿Quién eres, Señor? "Y el Señor dijo:" Yo soy Jesús
a quien tú persigues: dura cosa te es dar cosas contra el
***aguijón**" (Hechos 9:05 RV, énfasis añadido).*

El Espíritu de Dios enfocó mi atención en la palabra "aguijón". Luego de hacer muchas investigaciones y estudios sobre esta palabra aparentemente sin importancia, emprendí en un viaje de tres días, tratando de captar su significado oculto.

La definición en el diccionario de aguijón o puya: "Punta de las varas y garrochas con la que los vaqueros o picadores castigan a las reses."

Resulta ser la analogía perfecta- la imagen de pinchar una criatura reacia o perezosa hacia una madurez espiritual, ¿cierto?

*Las palabras de los sabios son como **aguijones,** y el conjunto de las palabras de*
los maestros, impartidas por un solo guía, son como clavos bien hincados.
Hijo mío, además de lo antes dicho, toma en cuenta que nunca se acaba de
escribir muchos libros, y que el cuerpo se cansa de tanto estudiar. Todo este
discurso termina en lo siguiente: Teme a Dios, y cumple sus mandamientos.
Eso es el todo del hombre. Por lo demás, Dios habrá de juzgar toda obra,
buena o mala, junto con toda acción encubierta. (Eclesiates 12: 11-14)

Palabras de sabiduría de los fieles, la palabra del Señor, las circunstancias de nuestra vida -todas estas cosas pueden actuar como aguijones en nuestra búsqueda para seguir El camino de Dios.

MI PUYA

Este libro lo escribí primero en inglés y lo terminé y publiqué a finales del 2012.

Unos pocos meses antes de terminarlo, me diagnosticaron con cáncer de los ovarios. Pero los escombros de mis miedos e inseguridades se disiparon una vez que pude ver con claridad lo que Él está haciendo. Él me quiere dar más materia para seguir escribiendo. Él ha puesto la artillería pesada en mis manos.

Él me desafió a ver si había entendido todo lo que Él me había enseñado. Lo había puesto en papel y Él quería saber si - a través de mi experiencia de dolor y pena - daba vida real a las palabras escritas.

El cáncer se convirtió en mi aguijón personal que me movió hacia adelante - a hacer exactamente lo que Él me había pedido. Sin expectativas - con el solo fin de obedecer.

El susto ya pasó. Luego de unos meses de quimioterapia y muchísimas lecciones demasiado valiosas para pensar en el costo... puedo decir ahora que el cáncer fue una bendición en mi vida. Me ayudó a vivir con mucho más intensidad y autenticidad. Por medio de la gracia de Dios, dejé que la enfermedad hiciera su trabajo en mí, y ahora disfruto de las bendiciones que me han transformado en una persona aun más feliz y dueña de una paz personal que no se desvanece frente a situaciones que ahora veo como espejismos tratando de robarme lo que me pertenece: Libertad del miedo.

Escribí este libro acerca de "ver" y la superación de los miedos. Ahora más que nunca, estoy teniendo que depender de mi fe en Dios como yo recuerdo mis propias palabras.

Hermanos míos, considérense muy dichosos cuando estén pasando por diversas pruebas. 3 Bien saben que, cuando su fe es puesta a prueba, produce paciencia. 4 Pero procuren que la paciencia complete su obra, para que sean perfectos y cabales, sin que les falta nada. Santiago 1: 2-4

Gracias al cáncer, puedo decir que ya no le tengo miedo a la muerte. Tuve la oportunidad de mirarla cara a cara y resistirla - aceptarla a la misma vez - si esa era la voluntad de Dios.

Cuando la oncóloga me dijo que estaba en resección – dejé que la muerte se diera la vuelta pero le susurre al oído que un día la volveré a ver de cara a cara una ultima vez y la abrazaré como abrazaría a una vieja amiga. Dios conoce mi corazón, y Él no me deja ir a través de este sin enseñarme lecciones valiosas y un propósito más trascendente de lo que podía soñar.

QUIEN DIJO MIEDO?

Es una pregunta que usualmente desafía al valor e inclina al coraje. El miedo es lo que nos debilita y está en el mismito centro de nuestros problemas cuando elegimos verlos como problemas y no oportunidades. El miedo nos mantiene ciegos y en la oscuridad.

Es aun mas devastador cuando el miedo es reemplazado en lugar del amor dentro de cualquier religión o filosofía de la vida.

Una de las lecciones mas valiosas que he obtenido en esta jornada, es que Dios busca que lo ame y lo acepte como mi Dios simplemente porque lo amo y no porque tengo miedo de terminar en el infierno. La razón es mas simple vista con los ojos abiertos: Si lo escojo porque me muero del miedo de ser maldecida para siempre - entonces realmente no hay una elección... cierto? Quien quiere vivir en un eterno fuego donde no hay nada mas que lagrimas y crujir de dientes?

Un día desperté con lagrimas en los ojos pensando que iba a ser maldecida para siempre si seguía pensando como estaba empezando a pensar... en un Dios mucho mas accesible y Universal. En un Dios común para todos los seres humanos sobre la tierra... sin intermediarios a mas que nuestro espíritu hambriento por Su esencia y clamé en voz alta "Aun si termino en el infierno te escojo a ti mi Dios quien me ha forjado desde el vientre de mi madre, quien me ha formado desde pequeña para este propósito, a quien yo llamo Jehová, Elroy, Padre Celestial y Rey. El Dios que conocí por medio de La Biblia. A quien Jesus me ha señalado desde que tuve 5 años como Dios de todo y Creador de la existencia, tiempo y espacio." "Estoy dispuesta a perderlo todo por Ti. Hasta mi religión." Había tomado mi elección a pesar de mi temor mas intimo y profundo. Ese día - el poder del miedo se quebrantó y empezó a desvanecerse fuera de mi vida.

"Cuestiona con intrepidez incluso la existencia de un Dios, que si hay uno, debe más aprobar el homenaje de la razón que la de un miedo con los ojos vendados" Thomas Jefferson

APÉNDICE

BOCADITOS ESPIRITUALES Y BESOS VOLADOS

· ·

Estos son pedacitos de la sabiduría de Dios con las que despertaba en medio de la noche. Eran como luciérnagas - que tenía que atraparlas rápido, de lo contrario las perdía. Me enseñaron obediencia inmediata. Dios me habla con conocimiento inmediato - sin palabras. Es mi arduo trabajo encontrar palabras para poder explicar lo que Dios me ha mostrado en El Espíritu. Pero estas citas cortas venían casi siempre con palabras exactas.

De la manera que yo lo veo, las cosas de Dios se dicen mejor con el menor numero de palabras. Después de todo, es un asunto del corazón. Léelas lentamente, saboréalas y disfruta!

- Que mi obediencia de a luz a la humildad. Que mi humildad de a luz al reconocimiento de mi debilidad. Que el reconocimiento de quien soy, me de a mi la LUZ!
- El tratar de entender la mente de Dios puede ser que sea una tarea difícil, pero el nos da libre acceso a su corazón.
- Soy quien soy gracias al Que Es.
- El reconocimiento del entendimiento puro, no llega a menos que sea personalmente experimentado.
- Es curioso, siempre estamos pidiendo señales de Su existencia, pero si alguna vez nos brinda una visión o un milagro, rápidamente damos paso atrás y renunciamos haberlo experimentado por temor de ser vistos como "locos".
- El entendimiento de Dios está velada con una naturaleza paradójica que desafía la lógica humana.
- Señor, abre los brazos de par en par porque estoy corriendo hacia ti antes de que mis temores me alcancen.
- Mi orgullo tiene un sabor amargo cuando me lo trago, pero se convierte en dulce miel cuando alcanza mi alma.
- Mi vida no es más que mi trayectoria de regreso a Ti.
- En mi tumba quisiera que escriban: Estoy por fin despierta!
- Tu me vestiste de humildad cuando me encontraste desnuda de jactancia.
- Tu amor tiene la capacidad de crecerme cada día más pequeña.

- Mi futuro tiene olor a ti. Como la anticipación de un pastel en el horno.
- ¿Quién quiere la lógica y la normalidad cuando podemos obtener la conciencia de Cristo?
- Su Palabra contiene el residuo de su aliento, el mismo aliento que nos sopló en existencia.
- Dios no quiere nada *de* mí tanto como quiere *para* mi.
- Me gustaría poder hacer que mis palabras bailen al ritmo de la música que escucho en mi alma.
- Ensarta cada segundo de mi vida Señor y haz una joya para Ti.
- Toda batalla se gana primero en el pensamiento.
- Hay libertad en la sumisión y poder en la humildad.
- Mi vida es muerte sino la entrego en la palma de Tus manos.
- La recompensa no es solamente el destino, sino también el trayecto del viaje.
- No soy gracia sorprendente pero mas bien sorprendida Gracia.
- Un nivel mas alto de conciencia, causa un nivel mas bajo de jactancia.
- Nadie ha muerto perfecto.
- No permitas que el miedo te mantenga atrapado como un pájaro en jaula.
- La idea es de parecernos más y más a nuestro Padre Celestial como hijos que somos de Él. Que la gente nos reconozca y digan de nosotros "Te pareces tanto a Tu Padre… sobretodo los ojos!"
- Siento que me he encontrado con el ritmo del Universo y estoy aprendiendo a llevar el compás.
- Creo que ver a Dios con los ojos abiertos es como ver una ilusión óptica llena de infinitas posibilidades de un Amor Absoluto.
- Somos una reflexión del Creador. Seres espirituales envueltos en carne sufriendo una alucinación de separación con El.
- He decidido agarrarme tan fuertemente de Él, que los vientos de este mundo no serán capaces de arrebatarme de su lado.
- No permitas que las obras para Dios te lleven lejos de El.
- Para los ojos de este mundo, - estoy perdiendo la cabeza. Para los ojos del Padre, estoy intercambiando mi mente por la mente y conciencia de Cristo.
- He encontrado a Dios … ¿O es que yo escogí, ser hallada por él?
- Déjame beber de tu sabiduría, y comer de tus palabras para convertirme en quien *soy* cuando vives en cada célula de mi ser.
- La vida se ve mejor Senor, cuando la miro desde las palmas de Tus manos.
- Los secretos de tu Reino están escondidos a plena vista cuando decidimos *ver*.
- No reclamo ninguna sabiduría a mi propio crédito. Si hay algo bueno en mí - todo ha sido concedido por el Espíritu de Dios. No existe lugar para el orgullo o jactancia cuando uno se da cuenta que Él te usa porque estás "vacía".

- A veces una paradoja divina sólo puede ser entendida por la sencillez y humildad del corazón. (1 Corintios 2:9-16).
- Creo que Dios es como un punto de singularidad de conciencia pura en medio de la existencia misma fortalecido por amor.
- Todo te lo entrego a Ti y estoy dispuesta a pederlo todo por Ti.
- Es la realización de quienes somos en perspectiva divina la que nos lleva a un nivel más alto de entendimiento. Es allí donde reside la paz.
- Cuando nos damos cuenta del poder de Dios en nosotros, aprendemos a vivir en victoria permanente.
- Mis ojos ven lo temporal. Mi espíritu ve lo eterno.
- No soy nada más que una simple mensajera que ha decidido escuchar su voz en la quietud de la nada y ver su grandeza en lo ambrosiaco del todo.
- Me gusta vestir de colores. Siento que armonizo con el Universo.
- También me gusta vestir de blanco. Aceptando todos los colores del espectro.
- Nos perdemos de muchos milagros porque preferimos tomar el toro por los cuernos y arreglárnoslas solos.
- El conocimiento sin Dios engendra orgullo. El conocimiento de Dios, es sabiduría.
- Una paradoja divina en el reino espiritual es perfectamente reflejada como una ilusión óptica. Si uno observa con plena atención y con conciencia, la situación empieza a tomar forma de posibilidades y triunfo frente a nuestros propios ojos.
- Circunstancias se posicionan estratégicamente en nuestras vidas para revelar nuestra verdadera relación con Dios.
- No podemos dejar que nuestro corazón sea dirigido por nuestros sentidos.
- No te dejes guiar por tu corazón a menos que éste pertenezca a Dios.
- Entendemos mejor la gracia de Dios cuando aprendemos a darla.
- Creo que el concepto de la Divinidad y Esencia de Dios no puede ser captada por el intelecto humano. No hay palabras para describirlo, no concepto para explicarlo, no imaginación para captarlo. Y aun así, está al alcance de la intuición de nuestro espíritu.
- Él trae paz divina dentro de ti mismo por medio de las luchas, la tribulación, y la guerra.
- Destellos de sabiduría divina me vienen a la mente sin palabras. Solo sé que sé. Es mi arduo trabajo tomar este conocimiento y vestirlo de palabras adecuadas para presentarlo al mundo.
- Dios no me ha revelado ningún concepto nuevo, sólo una mejor interpretación de los mismos.
- Mi amor por Dios no lo beneficia a el. Mi amor por Dios regresa a mi multiplicado. Mientras mas lo amo, mas AMOR hay en mi vida.

- A veces me siento hecha pedazos; pero Él captura cada pedacito en Sus manos y me devuelve a mejor forma de lo que estaba antes de quebrarme.
- Llevamos el concepto de Dios en nuestras mentes. Por lo tanto, todo se lleva a cabo en un ámbito mental. Es en nuestros pensamientos donde se desarrolla el carácter de la existencia.
- No hasta cuando acepte mi lado oscuro - aprenderé a amarme a mi misma como Dios me ama.
- A veces sé que actúo como retardada pero es que El Espíritu me embriaga.
- Él me tomó en serio cuando tenía 5 años y le entregué mi vida. Prueba de que la edad no importa pero sí el corazón y la intención.
- Cuando niña, pensaba que no había nada que pudiera yo hacer para que Él me ame más o me ame menos. Me ha tomado muchísimos años más para volver a ese estado de éxtasis y paz.
- A fin de que exista un libre albedrío, deben existir por lo menos dos opciones para escoger. Por lo tanto, no da a pensar que Dios está atrás de todo?
- Cuando tenía apenas cinco años, me paré al frente de un Crucifijo y mirando a los ojos tristes de Jesús El Cristo en la cruz, le dije que quería pasar el resto de mi vida limpiando Sus lágrimas y cuidando de Sus heridas.
- Me gusta rezar con los ojos abiertos como cuando hablo con alguien y cantar con los ojos cerrados imaginándome que - a pesar de no saber cantar - le he traído una serenata para mostrarle mi amor por Él.
- Veo mi falta de memoria como una bendición ya que no me deja mentir, y da a Dios borrón y cuenta nueva para trabajar conmigo todos los días.
- El miedo distorsiona la realidad.
- Mi hogar ya no es de donde vengo, sino mas bien donde quiero ir.
- Parece que nunca tengo suficiente información sobre ningún tema para poder expresar una opinión. Pero me he dado cuenta que muchos no ven esto como una desventaja y todo lo que creí una vez - no es nada mas que una opinión que la gente optó por creer.
- Antes de que mis palabras hagan camino hacia mi boca, le pido a Dios que las madure - no sea que salgan de ella antes de hora y hagan daño a alguien sin querer.
- Siento que hay algo dentro de mí que sabe más que yo.
- Será la ciencia - en última instancia - la que demostrará la evidencia de la existencia de Dios.
- No dejes que el miedo se interponga en el camino de un milagro.
- Soy como un instrumento musical que ha elegido ser tocada por el mejor maestro del Universo. Escucha mi música celestial…
- He aprendido a moverme guiada por obediencia, desprendida de los resultados.
- El problema no yace en las circunstancias sino en nuestra *reacción* hacia ellas.

- Señor, siento que me has vuelto una proscrita. Pero está bien y lo acepto mientras cuando Tu estés a mi lado.
- Aprende a vivir como si fueras el ser más amado del mundo!
- Un corazón humilde es un corazón agradecido; un corazón agradecido es un corazón humilde.
- Me parece que La Verdad se ha partido en millones de pedazos. Cada pedazo aun contiene La Verdad.
- Lo mejor que hecho en mi vida es darme por rendida al aceptar que nada soy y nada se. y levantar mis manos para que El me alce y me acerque a Su regazo recibiendo su consuelo.
- No voy a dejar que las opiniones de otros se conviertan en la base de mis creencias.
- Dios no necesita de nuestro reconocimiento para SER. Nosotros sí.
- Dios simplemente *es*. Nosotros elegimos ser o no ser.
- Mi actitud define el color del mundo exterior que mis ojos ven.
- La verdad existe aparte de mi comprensión, aceptación, o reconocimiento. Lo mismo sucede con Dios.
- Quiero que la muerte me encuentre viviendo a lo máximo!
- La felicidad tiene una manera de escurrirse en tu vida cuando estás de rodillas lavando los pies de otra persona.
- El grito mas alto de alabanza, es forjado en lo mas profundo del silencio.
- La felicidad está buscándote a ti. No sigas corriendo tras ella. Más bien aprende a quedarte quieto y comprenderás el conocimiento de Dios.
- En mis años de juventud, era muy difícil para mí poner mis problemas a Tus pies hasta que comprendí que solo tomaría un toque tuyo para convertirlos en oro espiritual.
- He aprendido a no tener que ser aventada por todas partes gracias a mis sentimientos y emociones. Más bien mantenerme fija y de pie por lo que sé y reconozco como verdad.
- Deja que la jornada te transforme en tu destino.
- Estoy teniendo un romance loco con palabras. Las amo, pero a la misma vez me resiente que muchas veces no son lo suficiente para transmitir lo que Dios me convide sin ellas.
- El pecado sabe tan bien como sabe el queso al ratón que lo come desde una trampa para ratones.
- Situaciones difíciles son sólo un espejismo de lo que realmente está pasando y lo que el resultado va a lograr en tu crecimiento espiritual si dejas que la experiencia te enseñe.
- Cualquier cosa más allá de cubrir una necesidad es codicia y distracción.
- Deja que tu actitud sea un reflejo de tus elecciones y no de tus circunstancias.
- Nunca seremos capaces de entregar a Dios más de lo que El ya nos ha dado.

- Puedo caminar en la oscuridad con la seguridad de que con cada paso que doy, sus manos estarán bajo mis pies.
- El Espíritu de Dios me dijo un día… "Ahora que ya sabes quien SOY YO, anda y averigua quien ERES TU"
- Quédense quietos, reconozcan que yo soy Dios para que mi gloria y majestad pueda ser perfectamente reflejada en vuestra paz completa y confianza total.
- Algunas personas sienten la necesidad de cubrirse con riqueza, poder, títulos e intelecto. Tal vez porque tienen miedo de ser vistos desnudos frente a los ojos de Dios. Y la historia de Génesis se repite una vez mas.
- La verdad es como agua en tus manos. No la puedes agarrar ni apropiarte de ella. Sólo la puedes beber para que se convierta en parte de tu ser interior.
- Acepta la oposición en tu vida como bloques de construcción para edificar tu propio refugio en la que guardas a salvo tu corazón.
- Oro que la belleza se vaya guardando dentro de mi corazón ya que a la vejez, se está escapando de mi rostro.
- La creación está gritando de su existencia diariamente si solo tomásemos un momento y observáramos con atención a los patrones ocultos a nuestro alrededor.
- Mi Dios guarda mi alma en Sus manos y me colma con besitos de luna.
- A veces es mejor no saber todas las reglas y dejar que la imaginación ordene.
- Ahora he aprendido a flotar en aguas de incertidumbre con mi corazón hinchado de su amor para no ahogarme.
- El conoce de nuestras debilidades y no pide más que nuestra obediencia. ¿Pero como obedecer sino oímos su voz de orden? La única forma es dejarlo todo en el suelo y caminar hacia El e inclinar nuestras cabezas para escuchar el susurro de su voz.
- Un corazón humilde es un corazón que ve.
- Nunca seguiré a mi corazón otra vez a menos que Tu lo estés sosteniendo en Tus manos.
- El ha elegido un personaje inverosímil como yo, para acentuar Su carácter!
- Cuando las coincidencias cesan de ser coincidencias se convierten en "Dioscidencias".
- No necesito una verdad sólo para creer - necesito una verdad para vivir!
- Dios me estira a veces como una cuerda de violín - lo suficientemente apretado como para hacer música con mi vida.
- Estamos buscando una explicación matemática para aclarar lo que los números no pueden revelar.
- La ciencia se nutre de la esperanza de que algún día van a encontrar una respuesta a las preguntas mas básicas de la vida. La fe se nutre de la seguridad de que un día vamos a ser *uno* con esa verdad y la vida no es mas que una respuesta a las dos.

- La ciencia no niega la existencia de Dios. Esta es una elección individual.
- Nunca esperé encontrarme a mi misma cuando salí a la busca Tuya.
- La verdadera humildad se mira al espejo y ve sólo la gracia de Dios.
- Cuando reconozco mi insignificancia, descubro Su grandeza.
- Él nos ha dado tiempo al que llamamos vida. A él le gustaría que nosotros le correspondamos con la misma gentileza.
- Nuestras propias decisiones nos pueden dar la libertad o la prisión para siempre.
- Su Palabra se planta como semilla en el suelo fértil de nuestros corazones para producir fruto en su tiempo perfecto.
- Nadie puede realmente creer en Dios y mantenerse igual a todos.
- Sus palabras están siendo tatuadas en lo más profundo de mi alma.
- ¿ Cuando aprenderemos que el mundo necesita de nuestro amor más que de nuestra percepción de salvación?
- Dios me ha dado la oportunidad asombrosa de trascender en su conciencia cósmica. Vuelo con alas de humildad hacia El.
- A donde quiera que mi alma sospeche Te encuentre Señor, yo iré. Así sea en el punto mas oscuro de la existencia, te buscaré. Hasta que no me vea reflejada en Tus Ojos no viviré.
- Dios es mi obsesión. Dejo que Su amor me consuma y el viento de Su sabiduría lleve el humo de mi fuego hasta su Presencia Divina.
- Tomar un reloj aparte no nos dará un entendimiento de la naturaleza de su creador.
- Creo que ya no soy yo tratando de hacer la voluntad de Dios sino más bien la voluntad de Dios fluyendo a través de mí para dar testimonio de su propio poder y gloria.
- Mientras mas me acerco a la mente de Dios, mas claro reconozco mis propias fallas y me enfoco en mis propias debilidades perdiendo interés por señalar las de otros.
- Mi futuro huele a Dios. Es su voluntad que permanece ardiente en mi corazón.
- Mis emociones se desvanecen a la presencia de Su voluntad.
- Se trata de un lenguaje espiritual que solo puede ser captado por nuestro espíritu y no nuestro entendimiento.
- Cuando estés agrumado al ver el mal a tu alrededor… tírale un poco de polvo de estrellas de la gracia de Dios y mira como se desvanece frente a ti.
- Quisiera ser Esperanza para aquellos que ya están cerca del final de sus vidas, y aliento para aquellos que recién empiezan.
- El objetivo mas cercano a mi corazón, no es tocar las vidas de millones. Con solo tocar las dos de mis dos hijos me basta.
- En un principio le culpamos a la ciencia por tratar de alejarnos de Dios. Ahora le debemos agradecer por guiarnos de vuelta hacia El.

- Déjate cegar por Su Luz incandescente para que puedas ver la Realidad como es.
- Me he equivocado antes, cuando estaba convencida de que estaba en lo cierto. Entonces, ¿qué me podría hacer pensar que ahora tengo la razón? La incertidumbre me mantiene humilde.
- Estoy totalmente consumida por la pasión de estar en su presencia. Mi alma arde por un destello de Su sabiduría. Mi mente muere por su entendimiento. Y mi Espíritu descansa en el suyo.
- Nuestra fe no debe ser solo profesada sino bebida como agua fresca para que llegue a ser parte de cada célula de nuestro ser.
- Que mis pensamientos y acciones armonicen con la fuente divina que llevo en mi.
- Ando por la vida tan borracha con El Espíritu que ya no veo las lineas que separan lo que un día juzgue como el bien y el mal. Mis ojos no ven nada mas que AMOR y caigo rendida sobre Su gracia eterna.
- Mi espíritu te canta alabanzas Señor como un pájaro en la jaula de mi carne.
- Porque al fin acepté que fui creada a Su imagen es que hoy puedo amar como El ama, perdonar como El perdona, y ver como El ve.
- Ya no quiero querer, ya no quiero necesitar… solo quiero SER.
- Una inundación de jubilo ahoga mis miedos cuando apenas por un segundo, experimento una lábil mirada de Tu Gloria.
- Todo lo que tenemos, lo que somos, no es nada mas que un espejismo hasta que se convierte en realidad cuando conocemos a Dios.
- Caminamos en oscuridad hasta el día en el que el "hacer" y el "creer" se convierten en el "ser".
- Dios habla un lenguaje divino y sagrado que no tiene palabras que lo contengan.
- Aliméntate de los frutos del Espíritu a diario para tu salud interior.
- Eres tu - cada uno de ustedes - quienes son responsables de vuestra propia búsqueda y solo tu -el que decide tomar la jornada hacia Dios.

¿ESTAS LISTO?

**CUESTIÓNALO TODO
NO TEMAS NADA
SIGUE SOLO A DIOS**